大学生就业创业工作宝典

董金宝　主编

中国农业大学出版社
· 北京 ·

图书在版编目(CIP)数据

大学生就业创业工作宝典/董金宝主编. —北京：中国农业大学出版社，2016.1
ISBN 978-7-5655-1467-8

Ⅰ.①大… Ⅱ.①董… Ⅲ.①大学生-职业选择 Ⅳ.①G647.38

中国版本图书馆 CIP 数据核字(2015)第 319448 号

书　名　大学生就业创业工作宝典
作　者　董金宝　主编

策划编辑　李卫峰　　　　责任编辑　韩元凤
封面设计　郑　川　　　　责任校对　王晓凤
出版发行　中国农业大学出版社
社　址　北京市海淀区圆明园西路 2 号　　　邮政编码　100193
电　话　发行部 010-62818525,8625　　　读者服务部 010-62732336
　　　　编辑部 010-62732617,2618　　　出 版 部 010-62733440
网　址　http://www.cau.edu.cn/caup　　　**E-mail** cbsszs@cau.edu.cn
经　销　新华书店
印　刷　涿州市星河印刷有限公司
版　次　2016 年 1 月第 1 版　2016 年 1 月第 1 次印刷
规　格　787×1 092　16 开本　9 印张　210 千字
定　价　29.80 元

编 写 人 员

主　编　董金宝

副主编　覃艳茜　徐博函

参　编　（以姓氏笔画为序）

王兆龙　王艳洁　王晓旭　龙晓凡　卢振雷
仲艳维　任忠诚　庄仲达　刘　尧　刘　芳
严　密　杨　丹　宋吉红　张　鑫　周　峰
房　薇　翁　婧　郭乙言　程　武　薛凤莲

手　绘　徐光伟

琢玉成器助力学子成才，厚积薄发创建工作标准（序一）

我国经济正处于增长速度换档期、结构调整阵痛期、前期刺激政策消化期的“三期叠加”阶段，随着我国经济形势的日趋复杂，大学生就业压力将继续增加，大学生就业工作仍将持续成为学生、家长、政府和社会关注的焦点。对于国家，大学生就业工作是一项涉及千家万户的民心工程，也是构建和谐社会的基石工程，更是千万学子的希望工程。对于学校，大学生就业工作是学校开拓优质生源市场、检验人才培养质量、提升服务社会能力、扩大学校办学影响力的关键所在，是学校蓬勃发展的生命工程。因此，要站在讲政治、讲大局的高度，从学校生存和发展的大局出发，高度重视大学生就业工作，切实把就业工作放在突出位置，作为重中之重，抓紧、抓细、抓实、抓好。

长期以来，北京林业大学秉承“知山知水、树木树人”的办学理念，坚持立足林业，致力于为国家生态建设培养人才、提供科技支撑、开展社会服务，成为国家林业高层次人才的核心培养基地和国家林业科技创新的重要力量。学校高度重视毕业生就业工作，倡导全员参与，推动科学发展，以强化人才培养质量为根本，提高就业指导服务水平为主线，提升就业质量为目标，面向主流行业、引领生态文明为特色，构建了特色鲜明的“精细化”就业服务体系，不断为社会与经济发展输送合格人才。为了进一步提高就业工作质量，我校就业工作人员认真梳理就业工作实践中成功的经验和好的做法，从分专业就业指导到就业工作精细化再到就业工作标准化，一步一步地扎实积累，让探索就业工作标准化实施方案变得水到渠成。就业队伍专业化、全员化需要就业工作标准化作为实施的基础；就业工作精细化也迫切需要就业工作标准化把各环节、各步骤规范化、系统化；而就业工作中的难点和问题很多都是由于缺乏标准、缺乏体系造成的。我相信通过就业工作标准化方案的实施一定会不断提升我校就业工作水平。

希望这本书能对高校就业工作战线上的同志们有所帮助，能让每一位就业工作新兵迅速进入工作状态，把握工作要点，明确工作方向。同时，我也希望就业工作者们能从书中受到启发，激发更多的工作创意，创新更好的工作方法，全面提升高校就业工作质量。

在这本书的撰写过程中，各部门各学院的同志们精诚团结，群策群力，为成书工作做了大量艰苦细致的工作，付出了很大的辛劳。在此，我代表学校向大家表示敬意和感谢！

骆有庆

2015 年 5 月

推进就业工作标准化，促进就业工作上质量上水平（序二）

大学生就业工作是大学人才培养的重要环节，受到学校的高度重视。多年来，在学校党政的领导下，我校就业工作者积极工作，勤勤恳恳，兢兢业业，尽心尽力，从课程到活动，从骨干训练营到个性化咨询，从招聘会到市场开拓，从专职队伍建设到全员化格局的形成等，铸就了北林就业工作特色。就业工作标准化，就是特色工作中的一颗闪亮的明珠。

一、就业工作标准化的原则

就业工作标准是专兼职就业工作人员在工作实践中形成的工作方法、工作经验和套路达成的共识。就业工作标准化在推进的过程中，要遵守科学、统一、差异、过程、奖惩原则。

科学原则。就业工作标准要尊重高等教育规律，要尊重大学生的成长成才规律，要尊重社会对人才的需求规律。

统一原则。就业工作要全校一盘棋，统一布置，统一要求，统一检查，统一考核，统一总结。做到要求统一，过程控制统一，考核标准统一。

差异原则。针对不同的学生群体和个人，要尊重学生不同群体和个体的差异，进行有针对性的咨询、引导、指导和服务。

过程化原则。就业工作从总体上是一个个过程，面对一个个学生，是靠一个个过程来完成。因此，就业工作标准的推行要严格过程控制。只有加强过程控制，才能保证结果和质量。

奖惩原则。标准的制定，有布置和执行过程，还要有考核和奖惩。奖惩起到激励和鞭策的作用。没有奖惩，考核将流于形式，标准将失去约束。

二、积极探索，实现就业工作标准化

就业工作实践推动了就业工作标准化。国家经济发展处于“换档期”、“阵痛期”、“消化期”三期叠加，社会对人才需求与人才供给存在着结构性矛盾。几年来，就业形势愈加严峻。为了做好大学生就业创业指导工作，我校广大专兼职就业工作人员，创新思维找方法，创新模式找依托，创新协同找途径，就业创业工作在系统化的设计下，实现分层次、跨媒体、全覆盖，推动了就业工作标准化的进程。

就业工作精细化促成了就业工作标准化。2010 年，学校从分专业就业指导入手，推动就业工作精细化，提高就业质量。就业工作精细化，必然要求工作精致化，如何实现？必然要求在队伍素质方面，在课程、活动方面，在市场建设方面，在创新创业教育方面，在就业事务方面，在文化氛围方面，在信息化建设方面等，提出统一规范化的要求，从而保证就业工作精细化落到实处。

专业化的就业工作队伍凝练了标准化。就业工作千头万绪，涉及学生的许多方面，涉及学校的许多单位和部门，涉及校外的许多方面。广大就业工作人员为了工作的延续，为了事业的传承，总结了工作方法、工作经验和套路，避免因为个人的岗位变动，影响一个单位就业工作，持续地保持就业工作在一个较高水平上运行，使广大学生得到很好的指导、帮助和服务，用人单位得到持续地联系和服务，推进就业工作标准化，应时而生。

就业工作标准化，就是把这些年来，我校就业工作实践中形成的好的做法规范化。职业发展与就业指导，就业队伍建设，创新创业教育指导，就业市场与基层项目，困难群体帮扶，就业文化氛围的营造，就业信息化服务，就业事务服务与管理等，从时间节点、内容、要求、责任人、监督人等形成规范性的要求，形成体系，便于执行和考核。

三、就业工作标准化，提升了就业工作质量和水平

就业工作标准化，推动了就业队伍专业化、专家化，推动了全员化格局的形成，推动了指导与服务的个性化，推动了信息化水平的提高，推动了就业工作质量和水平的提升。

就业工作标准化，促进了就业工作队伍建设。目前形成了高中级职称为主，结构合理，热情高、事业心强的专职人员队伍，并经过不同类型培训上岗。拥有一大批辅导员、班主任和导师等参与生涯规划和就业指导的兼职队伍。成立大学生就业创业研究会，积极开展科研活动，不定期组织培训和交流活动。聘请校内外专家担任大学生成长和就业指导导师，成立了以专家名字命名的就业指导工作室和创业教育指导工作室。这些很好地弥补了专职人员的不足和知识的欠缺。

就业工作标准化，促进了就业工作全员化格局的形成。就业工作"一把手"工程落实到位，校院两级把就业工作列入议事日程，保证就业工作经费和场地到位。制定了专兼职工作人员职责，建立了就业工作分省联系责任制，推进了就业工作全员化。

就业工作标准化，促进了个性化的指导服务。尊重学生的多元选择，引导和鼓励毕业生根据自身情况，选择适合自己的就业成才道路。分专业授课，分专业指导，把专业发展最新状况、人才需求情况，以及各专业近年就业情况介绍给广大同学。根据不同层次，开展"职业发展月"、"就业指导月"、"理想季"、"毕业季"、"校友面对面"、"就业力提升训练营"等活动。建立困难群体台账，针对不同困难，开展帮扶。通过网上、电话、面对面等形式提供个性化咨询活动。

就业工作标准化，推动了信息化水平的提高。就业信息网提供职业测评，就业咨询指导，创新创业课程，政策查询，信息发布，学生可视招聘平台，用人单位接待服务，就业手续办理、数据统计分析等栏目，方便了学生和用人单位，提高了工作效率。校院两级学生就业助理团，每天通过相关网站搜集就业信息，通过网站、电子屏、微信平台发布到学生中。

就业工作标准化，提升了就业工作质量和水平。几年来，推进就业标准化工作，大学生就业指导服务体系已经建立，学生接受的指导和服务水平提高，为用人单位提供的服务周到完善。在就业形势越来越严峻，一年比一年困难的情况下，学校就业工作仍然处于较高的水平。据有关材料分析，我校毕业生求职成本比同类院校低，接受的指导服务水平名列前茅。毕业生对学校提供的就业指导和服务，满意和比较满意占有很高的比例，用人单位对学校的接待和服务水平满意度高，评价高。

董金宝

2015 年 3 月

目　　录

第五篇 大学生创业教育

绪论　大学生职业发展与就业指导工作标准

大学生就业涉及千家万户，关系到千万家庭最关心、最直接、最现实的利益。大学生就业工作受到党中央、国务院高度重视，把高校毕业生就业工作作为全社会就业工作的首要任务。做好大学生就业工作，既是民生工程，也是民心工程。大学生职业发展与就业指导，助力大学生成长成才和全面发展，是大学培养教育的重要内容。职业发展与就业指导须从课程的系统设计、就业队伍建设、全员就业工作、个性化就业指导与服务、困难群体帮扶和信息化建设等方面提出规范化的要求。

第一节　科学设计，大学生就业指导类课程系统化

第一条　就业课程的系统设计。就业类的课程是学生进行职业认知、学业规划、生涯规划的基础。因此，必须根据学生的不同学业阶段，进行梯度安排，系统设计。针对一年级进行专业概论、专业认知、职业生涯规划与指导，二、三年级开展职业社会化指导、创新与创业教育，三年级下至四年级开展求职技能培训和指导、简历制作与面试等课程，引导大学生积极主动地参与社会活动和社会实习实践，展现自己。

第二条　就业活动的系统设计。就业活动是就业课程的延伸，是强化和培养学生的职业意识，提升求职能力的重要途径。结合就业类课程，每年定期举办新生班长、团支书参加的骨干培训班，举办就业指导月和职业发展月系列活动，举办职业生涯规划大赛、模拟面试大赛、简历制作大赛、职场训练营、大学生创业大赛等赛事活动。

第三条　就业实习实践的系统设计。就业实习实践是进一步培养学生认识未来的职业，提升实践和动手能力的必经之途，也是大学生从学生到职业人身份转变的最佳桥梁，是大学生职业社会化的尝试。广泛开展就业实习实践活动，大学生可以很好地锻炼能力，并逐步确定未来的职业和岗位，用人单位也可以在实习实践中考查学生。学生缩短了适应期，提高了就业竞争力。

第二节　精心培育，就业工作队伍专业化

第四条　稳定的专职就业工作团队。学校就业服务中心，下设职业发展规划中心、创新创业教育中心、市场部、事务部、信息中心，配齐配强人员。各学院设立就业服务中心，按科级干部配备专职人员。按照有关文件的要求，配备校院两级专职就业工作人员。专职人员必须接受专门的培训后持证才能上岗。

第五条　较高水平的就业工作兼职队伍。专家化目标建设促进就业工作队伍的专家化水平的提高。学校定期组织辅导员、班主任和导师参加各种类型的学习和培训。鼓励和支持兼

职就业工作人员到用人单位参加实训。设立就业工作专项课题，开展就业工作相关研究，提高开展职业生涯规划和就业指导的能力，努力建设一支相对稳定、高素质、专业化的兼职就业工作队伍。

第六条　积极开展科研活动。积极探索建立符合各学院实际的职业发展和就业指导课程体系。建立分专业的课程大纲，不断总结，完善课程内容，增强就业指导课程的实效性。依托大学生就业创业教育研究会，加强对就业创业教育规律的研究。通过开展就业指导课程观摩、评选等活动，建设一批精品课程、示范课程。就业工作标准化积极推进，把就业工作按岗位、按内容、按时间节点等，提出具体的要求，保证工作按质按量地推进。

第三节　协调各方，就业工作全员化

第七条　坚持"一把手"工程。党委书记和校长作为学校就业工作第一责任人，把就业工作列入党委的议事日程。学校明确校、院主要领导在就业工作中的任务和责任。书记、校长亲自参加就业工作推进会和表彰大会并讲话；亲临招聘会现场，给予支持和鼓励。主管校领导每年定期带领有关部门到各学院，开展就业工作调研，研究工作，解决问题。定期召开有关人员参加的就业工作例会，推动工作。各学院把毕业生就业工作纳入学院重要议事日程，书记、院长作为学院就业工作第一责任人。

第八条　专兼职就业工作人员协同工作。专兼职就业工作人员齐心协力，形成以就业专职人员为主导，班主任、辅导员等学生工作队伍为主力，导师、学科负责人、教研室主任以及其他专业教师积极参与的全员就业工作格局。校院两级就业中心积极主动指导学生就业助理团，做好信息搜集发布，活动策划和组织、招聘会的接待和服务等工作。班级设有就业联系人，做好就业课程、活动和实习实践的组织和服务等工作。

第九条　分省联系责任制推进就业工作全员化。为了加强与各省有关部门的联系，学校建立了由各院主责联系各省有关部门的就业组长分省责任制。定期组织走访活动，校领导、专兼职就业工作人员和教师参加，走访各省有关部门和企业，了解人才需求，征求人才培养的意见建议，建立密切联系。特别是全国各省、自治区、直辖市的林业、环保、园林、水利等主管部门的校友资源，开展定期、定点联系工作，进一步加强与主流行业和重点单位的联络。定向联系有关省份的村官招聘、选调生的选拔，"三支一扶"等基层项目，做好服务工作。

第四节　尊重差异，就业指导与服务个性化

第十条　尊重学生就业的多元选择。由于大学生来自于不同地域、不同的家庭和不同的社会阶层，大学生的成才道路和就业需求存在差异。因此，学校根据学生发展路径和去向的不同，学生个人情况的差异，按照升学、出国、入职企业、考公务员、进基层、"三支一扶"、西部计划等，进行有针对性的指导与服务，引导和鼓励毕业生依据自身情况，选择适合自己就业成才的道路。

第十一条　分专业就业指导。以分专业就业指导大纲为重点，形成贯穿大学教育的分专业就业指导课程体系。在就业指导课程的设置上，实行学校和学院共同承担就业指导课程的模式，课程通识部分由学校承担，学院结合分专业就业指导大纲进行分专业教学。为了提高分专业指导针对性，丰富和完善课程内容，各学院要结合各专业情况，把各专业对应的行业发展最新状况、行业对人才的需求情况，各专业历年就业的情况介绍给广大学生，请刚毕业的大学

生向在校生介绍求职经历和经验。积极聘请企业导师参与授课,保证课程教学更加生动、丰富、实效。

第十二条　按需求分类指导。坚持开展“职业发展月”、“就业指导月”系列活动。邀请各方专家,开展职业规划、形势讲解、技巧辅导、技能培训等指导活动。学院深入基层班级,开展“校友面对面”、“职业发展从我做起”等班会活动,举办职业辅导工作坊,按主题分年级和专业进行小规模交流,开展“大学生就业力提升计划”、“生涯精英训练营”、“学生骨干生涯规划培训班”、“经济困难学生就业力提升训练”等活动,举办村官专题、考研专题、公务员考试专题等讲座。继续创新,办好“理想季”和“毕业季”两个特色项目活动。

第十三条　加大个性化咨询指导力度。为了实现咨询辅导个性化,学校、学院分别设立个性化咨询信箱、网络、短信、微信预约平台,开展结合专业需求的个性化辅导。所有学生均可通过预约,实现与职业指导师的一对一咨询。个体咨询中对特色专业的毕业生加大引导力度,引导他们热爱林业事业、投身生态环境建设。招生就业处设立处长信箱和咨询日,为同学提供服务。各学院主管就业工作的负责同志要以同样的方式,接受学生的咨询。

第五节　倍加关爱,特殊群体帮扶日常化

第十四条　建立困难群体台账。各学院就业服务部门,按困难学生类型,对心理困难学生、学业困难学生、家庭经济困难学生、技巧方法困难学生等分别建立台账,制定具体帮扶措施。对于存在心理问题的及时与学校心理中心联系,使之尽快得到心理援助。对于学业困难的学生,积极与任课教师联系,及时解决学习问题,不能积累问题算总账。对于家庭困难学生协调有关部门,直接给予经济资助。对于求职技巧和方法困难的同学采取集中辅导和个性化的帮扶相结合。积极向用人单位推荐困难毕业生,确保每人至少有两次被推荐择业的机会。人盯人跟踪服务,学校监督,问题不解决不销账。

第十五条　建立帮扶基金。利用慈善机构的就业扶助基金,校友捐助以及社会成功人士捐助,资助困难大学生就业,实现就业基金规模的不断增长。通过帮扶基金的设立,一方面提供直接资助,另一方面加强就业技能培训,提升自信心。

第十六条　特殊类型特别帮扶。针对定向生、内地预科班、国防生等特殊类型毕业生的就业工作,向前延伸和向后拓展就业服务链条,确保全程就业指导服务到位。定期召开座谈会听取意见建议。召开培训会,宣讲有关政策,开展成才辅导。对于少数民族预科生,学校主动走访预科培养学校,了解同学们的生活,介绍学校的发展。主动走访有关省区的林业及人社部门,解决内地班和定向生的就业问题。

第六节　借助新媒体,就业指导与服务信息化

第十七条　学校就业信息网功能齐全。将就业信息发布、就业咨询指导、就业手续办理、数据统计分析等功能模块进行整合,满足用人单位及毕业生的多方面需求。嵌入职业测评软件,方便学生的学习和职业的自我认知。开设就业创业政策栏目,方便学生查询。开设就业辅导栏目,方便学生对就业创业知识的学习。并开辟网上预约和电话咨询,方便学生预约和寻求帮助。

第十八条　自主研发软件发挥作用。搭建网上可视招聘的平台、建立全校毕业生网上电子简历、视频简历系统,实现网络资源共享。进一步完善网上职前测评系统,教育指导视频系

统。用人单位可通过网络实时查看招聘会申请进展。完善大型双选会用人单位报名和遴选工作，减少用人单位的报名程序，提高工作效率。

第十九条 新技术提升就业工作信息化水平。校院两级学生就业助理团作为就业"信息化部队"的主力，每天通过教育部及其他各部委网站、各省市自治区人社网站，以及相关企事业单位网站，搜集用人单位和用人岗位信息，利用就业信息网、微博、微信、QQ群、人人网等多种渠道发布有关就业、创业活动信息、招聘会信息，实习单位信息、用人单位和岗位信息。确保各类信息第一时间发送到毕业生手中。

（执笔：董金宝 覃艳茜）

第一篇
就业课程和就业指导

第一章　就业指导课程与活动开展标准

就业指导课程与活动的开展要与大学生职业生涯规划整体目标相匹配。依靠系统的教学课程体系和丰富的就业类学生实践体验活动，使学生掌握职业规划的方法并应用于自我的职业发展中，开发潜能，培养适应社会发展的能力，从而实现职业生涯规划和个人成长成才的良性结合。

第一节　就业指导课程开展标准

第一条　通过新生入学就业教育、大一年级《专业概论》(必修)、大二年级《大学生职业生涯规划》(必修)、《大学生创业教育》和《创新能力提高》(选修)、大三年级就业实践、大三年级《就业指导课》(必修)等，达到学用结合、学科渗透，使就业指导课程贯穿大学全过程。

第二条　入学阶段：通过开设“适应大学生活，规划职业发展”的入学第一课，让新生对大学学习、生活、实践以及职业发展有一个初步的认识和整体轮廓的了解。在大一第一学期，强化专业概论、新老生交流，并利用大学生思想修养的课程，在其中加入青年成长和学院培养方案的环节，帮助大学生了解所处的阶段、学校学院的育人理念和培养模式，奠定大学生职业发展和成长成才的基础。

第三条　低年级阶段：指大学一年级下学期开始，是一个意识唤醒的阶段，通过讲授职业生涯基础知识，促进学生的职业生涯认知，唤起学生的职业发展愿望；促使学生对自己的职业发展进行理性思考与选择，培养学生形成积极上进的人生观，激发学生自觉学习的原动力，变被动学习为主动学习。

第四条　中年级阶段：成长辅导的阶段，也是大学生活中至关重要的阶段。通过开展自我认识的活动，帮助学生了解自我；开展认识职业社会的活动，帮助学生认识职业社会；开展职业化素质养成工作坊，培养学生职业素质，积极鼓励大学生参与社会实践、职业体验。培养学生创新意识和创业精神，进而提升学生的就业能力。

第五条　毕业阶段：大四的学生面临着毕业和就业，是一个人生选择的时期。通过就业实践和岗位试用，让学生了解自己的发展方向，是选择考研、出国、创业还是就业？大四上学期，通过就业政策、法律指导、就业心理辅导、就业技巧指导和职场生存和发展指导，帮助学生合理定位，协助学生顺利进入新的领域，快速适应职场，完成由学生向社会人的转变。通过出国和考研的指导，让学生了解自己选择什么学校、选择哪个国家比较适合自己，更有利于自己的发展。开设就业讲座以及老生经验交流会等，找有经验的学生给予指导，讲解他们考研和出国的技巧，汲取他们好的经验，少走弯路。

第二节　就业指导活动开展标准

第六条　通过职业成长手册、宣传栏、报纸、宣传册、信息资料、网络等媒介促使学生了解自己的职业方向与定位。

第七条　通过职业生涯规划大赛、模拟招聘会等激发学生的激情与潜力，促进大学生的自我思考与发展。

第八条　通过职业心理测评了解学生的职业心理，以讲座形式对学生比较迷惑的地方给予讲解、指导。

第九条　建立工作坊帮助学生提升自我形象设计、自我情绪控制、人际沟通训练等素质能力。

第十条　通过就业心理、技巧指导、职场生存和发展指导，帮助学生顺利进入工作环境，快速适应职场。

第十一条　低年级开展生涯人物访谈活动，激发学生潜力，形成正面影响，引导学生通过访谈撰写自己的职业生涯规划，老师及校友给予专业的指导和引导。

第十二条　中间年级通过课程实习、社会实践和就业实践，形成行业认知，及早准备，逐步实现学生和社会人的角色的转变。

第十三条　毕业阶段，促使学生主动联系实习岗位，通过岗位体验发现自己的不足，及时适应职业，促进个人职业发展与就业。

第十四条　积极鼓励大学生参与创新创业，通过科研立项、挑战杯、大学生创新项目等科创活动，引导学生积极创新，开拓科创思维，开发学生的潜力和智力；通过论文的发表、竞赛比赛的获奖等方式，促进学生对专业、行业的积极了解和兴趣产生，形成良性循环，积极推动大学生创新、创业教育，促进学生对自我的再思考和对求职、职业发展、就业的思考和定位。

（执笔：王晓旭　周博　郭乙言）

附录一

北京林业大学——大学生就业指导课程与活动一览表

阶段	时间	目的	内容	课程类型	实践体验	活动	科研创新
意识唤醒	低年级	①促进学生的职业生涯认知，唤起学生的职业发展愿望；②培养学生形成积极上进的人生观，激发学生自觉学习的原动力，变被动学习为主动学习。	①传授职业生涯基础知识；②帮学生对自己的职业发展进行理性思考与选择。	①专业概论（必修），学科渗透（学科负责人）；②大学生职业生涯规划（必修）（招生就业处、学院）；③网上职业测评和职业辅导（招生就业处）。	①社会实践（学院）；②生涯人物访谈（学院）；③我的职业生涯规划（学院）。	①讲座（学院团委）；②传播物（比如职业成长手册、宣传栏、报纸、宣传册、信息资料、网络等）（学院）；③职业生涯活动（职业生涯规划大赛等）（学院）。	

续表

阶段	时间	目的	内容	课程类型	实践体验	活动	科研创新
成长辅导	中间年级	①帮助学生了解自我；②帮助学生认识职业社会；③培养学生职业素质；④培养学生创业意识或精神。	①开展自我认识的活动；②开展认识职业社会的活动；③开展职业化素质养成工作坊。	①大学生创业教育（选修）（招生就业处）；②就业指导课（必修）（招生就业处、学院）。	①行业认知（学科负责人）；②就业实践（学院团委）；③课程实习（学科负责人）；④模拟创业（学院团委）；⑤科技创新（学科负责人）。	①讲座（学院）；②职业心理测评与辅导（招生就业处）；③工作坊（自我形象设计、自我情绪控制、人际沟通训练等）（班主任，学院）；④个性化咨询、指导（弱势群体指导、帮扶）企业宣讲会（招生就业处、学院）；⑤模拟招聘会、就业指导讲座、就业指导报等（学院）。	科研立项；挑战杯；大学生创新项目。
就业指导	毕业年级	①帮助学生进行合理定位；②协助学生顺利进入工作环境；③帮助学生快速适应职场，完成由学生向社会人的转变；④帮助学生正确选择考研和出国。	①就业政策、法律指导；②就业心理辅导；③就业技巧指导；④职场生存和发展指导；⑤出国和考研指导。		①岗位试用（学院）；②毕业设计（学科负责人）。	①讲座（学院）；②新老生经验交流会（学院）	

附录二

《职业生涯与发展规划》教学大纲

学 时 数:8　　　　学 分 数:0.5

课程类别:必修　　　　开课学期:大二年级第一学期

负责单位:招生就业处

一、课程的性质和目的

课程性质:《职业生涯与发展规划》是面向学校低年级学生的一门必修课程，旨在对学生进行职前发展教育，协助学生理性定位、合理规划职业生涯，强化大学生的主体意识，提升大学生综合素质和职业竞争力，实现大学生到职业人的顺利转型。

教学目的:通过本课程的学习，使学生通过了解自己、了解职业、了解社会，找到个人与社会需求的差距，树立正确的职业理想；掌握职业、职业发展的概念与理论，提高职业素养和能力，学会依据社会发展、职业需求和个人特点进行职业生涯设计的方法；全面提升大学生多方面的素质和能力，为大学生毕业后的职业与事业发展奠定基础，为中国特色社会主义事业培养合格的建设者和可靠的接班人；指导大学生设立生涯发展的短期、中期、长期计划，在思想品德、专业知识、基本技能、职业能力和心理健康素质等多方面进行培养和塑造，促进大学生的全面发展；帮助大学生实施职业发展短期计划，提高学生的自我评价能力、职业信息的收集能力和理性生涯决策的能力。

二、课程教学内容

第一讲　导论及职业生涯规划概述

第一节　课程介绍

第二节　分析就业形势，引出职业生涯规划课程开设的重要性和必要性，引导学生树立科学就业观（课堂活动：生命线）

第三节　讲述职业生涯规划理论

（一）帕森斯特质因素论

（二）霍兰德职业类型论

（三）明尼苏达工作适应论

（四）舒伯的终身发展理论（彩虹图）

第四节　讲述影响职业生涯的因素（身心因素、教育背景、家庭影响、性别因素、环境因素、机遇因素）

第五节　大学生职业生涯规划的步骤和原则

第二讲　职业生涯规划之自我认知（一）

第一节　回顾大学生职业生涯规划的步骤，引出教学内容：职业生涯规划之自我认知

第二节　介绍职业生涯规划自我认知的四个维度

第三节　探索性格（课堂活动：MBTI 测试）

第四节　探索兴趣（课堂活动：霍兰德兴趣岛）

第三讲　职业生涯规划之自我认知（二）

第一节　回顾大学生职业生涯规划自我认知的基本内容，探索能力（课堂活动：我的光荣史）

第二节　探索价值观（课堂活动：价值观市场）

第三节　介绍学校的职业咨询和职业测评相关工作

第四节　认识职业和环境（匹配与对应）

第五节　职业的含义、作用

第六节　职业的分类，职业发展的趋势、特点

第七节　结合专业分析总结毕业生就业去向，简介职业所处的行业环境、组织内部环境，并分析相关岗位（课堂活动：职业生涯幻游）

第八节　启发和讨论式教学，总结职业环境分析的途径和方法，并适当予以引导和概括（课堂活动："生涯人物访谈"作业介绍）

第四讲　生涯决策与规划评估

第一节　回顾大学生职业生涯规划的步骤，引出教学内容：职业生涯规划之职业生涯决策

第二节　讲解生涯决策的概念

第三节　介绍决策风格（课堂活动：决策风格测试）

第四节　讲授职业生涯决策过程

（一）职业生涯决策沟通环节

(二)职业生涯决策分析环节

(三)职业生涯决策综合环节

(四)职业生涯决策评估环节

(五)职业生涯决策执行环节

第五节　讲授如何撰写职业生涯规划书

三、课程教学基本要求

本课程的教学环节主要有:课堂讲授、课堂讨论、做课程小作业、观看教学资料片。通过本课程各个教学环节的教学,着重提高学生对市场需求能力的了解、培养大学生的职业素养,提高大学生的职场竞争力和社会适应性。

(一)课堂教学

采用启发式教学,鼓励学生思考问题,培养学生的自学能力,坚持"少而精"的原则,注重理论与实际、社会需求与大学实际的结合,精心安排教学内容,适当进行课堂提问和组织讨论课,调动学生学习的主动性和积极性。

积极利用多媒体教学系统,使用电子教案,适当播放教学录像片。

(二)课程作业

结合教学中的重点、难点和热点,适当给学生布置做课程作业1篇,以巩固课程学习中的基本理论知识,培养学生研究分析问题的能力和水平。

四、本课程与其他有关课程的联系和分工

"大学生发展与职业生涯规划"是大学生职业发展教育中的主要课程之一,是以职业心理学、人力资源学科为基础,与大学生就业指导课程相联系,并为中国特色社会主义事业培养合格的建设者和可靠的接班人起着积极重要的作用的一门课程。

五、建议教材与教学参考书

《个人职业生涯规划》

《人生发展与职业生涯规划》

《大学生职业生涯设计》

附录三

《就业指导》教学大纲

学 时 数:8　　　　学 分 数:0.5

课程类别:必修　　　　开课学期:大三年级第二学期

负责单位:招生就业处

一、课程的性质和目的

《就业指导》是面向全校准毕业班学生的一门公共课,主要贯彻国家、各省市、自治区就业政策,培养学生树立正确的择业观和就业理念,提高学生在择业过程中的能力,适应目前的大学生就业市场。

二、课程教学内容

通过本课程使学生了解就业市场的现状和就业趋势,掌握毕业生就业政策和就业技巧。

课程难点:政策的了解,形势的分析。

第一讲　就业形势与政策

第一节　课程介绍

第二节　就业形势分析解读(宏观 & 微观;环境分析;职业定位)

第三节　就业政策解读

(一)就业相关(鼓励到中小企业就业、对困难家庭的就业帮扶、就业见习)

(二)基层就业项目(大学生村官、三支一扶、志愿服务西部、特岗教师、地方选调生、参军入伍)

(三)创业相关(国家、地方和学校的创业政策)

第四节　就业流程梳理及手续常识

(一)毕业去向选择(国内考研 & 出国留学 & 找工作 & 创业 & 不工作)

(二)就业去向选择(工作地点、单位性质、职业路线)(即使选择升学,也要考虑深造后的出路)

(三)就业手续常识(相关材料:推荐表、协议书、户口、报到证、档案、五险一金)

(四)就业权益保障

第二讲　分专业就业指导

第一节　专业就业、深造基本情况介绍(近三年毕业去向统计)

第二节　专业主流行业分析和前景分析

第三节　专业相关职位要求和介绍

第四节　典型案例分析(校友经验分享)

第三讲　求职过程指导(一)

第一节　就业信息搜集

(一)了解就业信息

(二)搜集就业信息

(三)分析与利用就业信息

第二节　简历撰写

(一)简历的目标

(二)简历的重点

(三)简历的制作

(四)简历的投递

(五)简历的评议

第三节　求职信及其他求职材料(成绩单、推荐表、作品集等)

第四讲　求职过程指导(二)

第一节　面试准备

(一)收集应聘单位的资料——知彼

(二)准备好自己的资料——知己

(三)适当模拟面试场景

(四)做好面试的心理准备

第二节　面试技巧

(一)面试的种类(结构化面试、集体面试、压力面试、阶段性面试)

（二）面试的艺术（心态、交谈技巧、能力展现、机会把握）

第三节　面试礼仪

（一）应聘材料方面（电子邮件、简历展现——态度很重要）

（二）个人仪表方面（仪容、着装准备、行为礼仪等）

第四节　面试后的注意事项

三、课程教学基本要求

本课程以讲座形式为主，课程由从事学生就业工作的教师承担，也可以聘请校外的用人单位具体进行指导。教学中特别是在就业技巧和择业心态的教育中可以采用情景教学的形式，积极发挥学生的互动能力。课程考核以学生进行课程总结为主。在教学中还要发挥报纸网络等媒体的作用，使学生掌握利用这些工具。

四、本课程与其他课程的联系与分工

本课程以学生就业指导为主，因此要求学生掌握自己的专业知识，并且在择业的准备中通过教师的指导对自己的职业生涯进行规划。

五、建议教材与教学参考书

《大学生就业指导》

《职业道德与就业指导》

附录四

职业发展月活动方案

活动名称	活动时间	活动介绍
新生班级骨干职业生涯培训	3月下旬—4月中旬	新生班级骨干职业生涯培训由校就业助理团举办，以讲座的形式为大一新生班级骨干们搭建学习和交流的平台。同时结合不同主题的课程，引导新生了解职业生涯规划，掌握在时间管理、沟通、表达、领导等方面的技巧。
职业生涯规划大赛	3月下旬—4月下旬	职业生涯规划大赛由校院两级就业助理团共同举办，旨在帮助广大学生掌握职业规划的基本方法，提高职场应聘能力。活动面向所有本科生，设有选拔赛、复赛、决赛三个环节，并邀请企业HR担任评委，通过对选手的职业规划书、生涯人物访谈、自我展示等环节进行评比，最终评出优秀选手推荐到用人单位实习。
“北林科技园杯”大学生创业大赛	4月上旬—5月中旬	“北林科技园杯”大学生创业大赛由招就处、团委、科技园、校友会等部门共同举办，旨在丰富我校创业教育活动内容，完善创业教育工作体系，引导学生自主创业。活动分为创业计划赛和公益创业赛两个板块，期间邀请相关领域专家对选手开展全程指导。经过初赛和决赛两个阶段的选拔，将由评委们评选出数十支优秀的创业团队。获奖团队将获得主办方给予现金奖励和孵化扶持。
毕业季系列活动	6月上旬—6月下旬	毕业季为我校针对毕业生开展的特色校园文化活动，目的在于为毕业生提供更为丰富多彩的毕业庆祝形式，增进师生对母校的感情，同时创造文明离校的和谐氛围。通过开展《北林再见》MV发布会和一系列特色小活动，为即将走出校园的毕业生们送上青春回忆与深情祝福。
《北林再见》MV发布会	6月下旬	《北林再见》为北京林业大学毕业季系列活动主题歌，旨在传播具有北林特色的就业校园文化，培养毕业生对母校的感情。活动通过前期大量的宣传和造势来营造良好的毕业氛围，最终毕业主题曲以发布会的形式展现在广大师生面前，为即将离校的毕业生献上美好祝福。

就业指导月活动方案

活动名称	活动时间	活动介绍
“职慧”系列讲座	9月下旬—10月中旬	“职慧”系列讲座是由校就业助理团联手“职慧”公益项目共同举办的职业能力提升活动，邀请到多位公益导师担任讲师，对参与培训的同学开展为期4周的培训。内容覆盖演讲表达、女性职场、简历制作、成功面试、职业规划等多个模块，帮助同学们掌握求职技巧，提高综合素质。
模拟求职大赛	9月下旬—10月下旬	模拟求职大赛由校院两级就业助理团共同举办，旨在引导学生正确认识自己，掌握求职过程中的基本知识和基本技能；同时激励同学们有效地规划大学生活，积极应对就业竞争压力。活动面向所有本科生，设有选拔赛、培训、复赛、决赛四个环节，并邀请企业HR担任评委，通过对选手的简历、模拟面试等环节进行评比，最终评出优秀选手推荐到用人单位工作。
“理想杯”演讲	10月上旬—11月中旬	“理想杯”演讲是由我校联合北语、北邮等数所北京高校共同举办的大型演讲风采大赛。其目的在于引导学生了解职业规划理念，树立职业理想，并提高演讲表达能力，勇于展示自我。比赛由各校承办初赛，最终将各校推荐的选手汇聚一堂，同台竞技。该活动不仅为来自不同学校的选手提供了相互学习交流的机会，也展现了各所高校的风采。
“公务员”系列活动	11月下旬	“公务员”系列活动由校就业服务中心联合中公教育共同举办，内容主要包括公务员政策讲解、考试技能培训、模拟考试三个环节。通过培训和实战相结合的方式，使有意向报考公务员的同学了解政策、提高应试能力、培养良好的心态，从而实现自己的职业目标。
企业参观活动	不定期	企业参观活动为我校就业指导工作中的重要实践环节，由校就业服务中心相关人员带领学生参观知名企业，从而帮助学生开阔视野，了解企业工作氛围，为就业打下基础。截止至今，我校已组织学生参观Intel、麦当劳、微软等多家知名企业。

第二章　困难群体帮扶指导标准

高校学生中存在着家庭经济困难、学业困难、心理障碍、身体障碍、人际交往障碍等困难群体。这些群体在一定程度上会产生择业和就业困难。因此，作为高校就业工作人员研究如何针对就业困难群体进行帮扶、实现顺利就业就显得十分必要。

第一节　就业困难群体分类

就业困难群体包括经济困难、学业困难、心理障碍、身体障碍、人际交往障碍等类型，这些类型和问题往往交织存在，给学生求职带来更大的困难和压力。

第一条　经济困难群体。这类群体的学生，由于经济压力在承担学业、生活和求职费用上有困难，容易产生焦虑和自卑情绪，长期以来容易形成内向敏感的性格，在求职过程中也因为经济问题以及自身的自卑情绪等原因不能充分展示自己的能力，给求职带来很大的困难和阻力。

第二条　学业困难群体。这类群体的学生，由于学习动力不足、学习目标不明确、不喜欢所学专业、自学和自控能力较差等个人原因导致学业成绩差，甚至拿不到毕业证或者学位证，无法正常毕业，达不到用人单位招聘的要求，造成求职困难。

第三条　心理障碍群体。这类群体的学生，心理存在一定的疾病，心理承受能力、情绪管理能力较差，易产生悲观、孤独、压抑等各种不良情绪，如果长期得不到缓解和释放，当其面对就业压力时就更容易产生消极心理，甚至做出极端的轻生行为。

第四条　身体障碍群体。这类群体的学生，身体有残疾或生理有缺陷，对生活和工作可能产生不同程度的影响，在求职过程中可能会受到歧视。

第五条　人际交往障碍群体。这类群体的学生，往往不善或不愿交往，独来独往，内向寡言，对集体活动漠不关心。因为缺乏人际交往的锻炼，缺乏对社会的了解，面对择业和就业不知所措，无法适应出现的各种问题。

第二节　就业困难群体帮扶措施

经济困难群体帮扶

第六条　根据国家政策，制定经济困难标准。按照国家相关政策，制定我校经济困难学生认定标准。学生生源地开具的经济困难证明(必须加盖当地民政部门公章)是认定经济困难的必要条件，此外在校期间学生的消费情况也是重要的参考指标。

经济困难学生认定分为5个等级，从a至e，其中，a为最困难，参考标准如下：

等级	标准
a	申请到助学贷款后，仍要申请助学金、困难补助等
b	申请到助学贷款后，通过勤工助学来负担生活费
c	申请到助学贷款后，自己有能力负担生活费用
d	只需要助学金就可以解决家庭经济困难问题
e	有能力支付学费和生活费，只需要特殊困难补助

第七条　成立专门机构，配备专职工作人员。成立专门的经济困难学生管理机构——资助管理中心，配备专职工作人员从“奖”“助”“贷”“勤”“免”“补”等方面对经济困难学生进行资助。

第八条　深入调查分析，了解学生实际情况。辅导员和班主任对学生的真实情况更加了解，因此在经济困难学生认定的过程中，他们的意见将会十分贴近实际。

第九条　筛查帮扶对象，重新界定困难程度。每学年开学初对经济困难群体重新界定，在上一学年经济困难学生名单的基础上，增加新的经济困难学生，剔除家庭经济情况已经得到改善不再需要资助的学生。

第十条　跟踪帮扶效果，提高就业能力。通过个体访谈、座谈会、走访学生宿舍等方式了解帮扶效果。除了对经济困难学生在经济上提供资助外，还通过多方面的培训以提高他们的综合素质和就业能力。

第十一条　分析帮扶问题，做到公平公正。工作过程中可能遇到的问题主要包括：身份认定过程中的造假行为，一些家庭经济并不贫困的学生通过一些渠道，开具了家庭经济困难证明，以骗取资助；经济困难学生的隐瞒行为，某些学生自尊心非常强，认为被认定为经济困难学生是一件丢脸的事，故向学校隐瞒真实情况，从而失去了受到资助的机会。

学业困难群体帮扶

第十二条　根据专业情况确定学业困难标准。由于专业间差异较大，学生学业困难的认定必然存在一定的差异，因此，除了学积分和英语四六级等认定学业困难的普遍标准外，很有必要根据学院和专业的实际情况确定具体的学业困难认定标准。

第十三条　以年级和专业为集合筛查并确定帮扶对象。根据确定的学业困难认定标准，以年级或专业为集合筛查并确定帮扶对象。

第十四条　针对每个学生，组成帮扶工作小组并制定帮扶工作计划。针对每个学业困难的学生，由专业教师、辅导员、班主任和班委组成帮扶工作小组，针对每个学生的特点和具体情况，由帮扶工作小组制定帮扶工作计划，提高帮扶工作的专业性和针对性。

第十五条　跟踪了解帮扶工作效果。帮扶工作小组要认真记录并全程跟踪了解帮扶工作实施效果，根据学生表现及时调整和修正相关措施，以提高帮扶工作的实效性。

第十六条　关注学生的全面成长。针对学业困难学生帮扶的最终目标，并不只是帮助他们通过考试、达到毕业要求，而是要帮助学生学会如何面对挫折，战胜自我，这对于学生今后的成长成才具有更为重要的价值和意义。

第十七条　建立联动机制，共同帮扶学业困难学生。教学管理部门和学生工作部门要联动起来，建立联合工作机制，加强学生培养研究，共同帮扶学业困难学生。如针对低年级学生，应适当抬高成绩警告的最低学分要求，特别是对于在学业上没有充分投入的新生，应及时给予警醒，及早实施留级或调换专业措施。专业教师在对学生学业上的引导作用是不可替代的，因此，专业教师在针对学业困难学生的帮扶工作上要给予充分支持，及时发现并反馈学生在课程学习上的异常情况，防微杜渐。

心理障碍群体帮扶

第十八条　成立专门工作机构，配备专项工作人员，形成心理健康工作体系。学校成立心理咨询中心，并配备有相关资质的心理教师，能够处理相关的心理咨询、心理应急干预等工作；学院成立心理健康服务中心等，做好本学院的心理健康工作；各基层班级选任一名心理委员，配合开展本班级的心理健康工作。

第十九条　筛查并确定帮扶对象。通过新生入学时的心理调查问卷、辅导员走访宿舍以及各班级心理委员上报等多种方式相结合，确定心理障碍群体。

第二十条　实施个性化的帮扶措施。由于存在心理障碍的学生人数相对较少，个性化问题更强，应采取个体帮扶方式，通过建立心理健康档案，安排具有心理学背景的专业教师定期对该群体学生进行一对一深度辅导。

第二十一条　跟踪了解帮扶效果。每个月针对该群体的帮扶工作实施效果进行评估汇总，制定或调整下一阶段的帮扶计划和措施。

第二十二条　重视心理障碍群体的特殊性。心理障碍的形成有先天、后天之分，对于后天形成的心理障碍，通过心理咨询、疏导等方式能够在一定程度上缓解，但是对于先天形成的心理障碍，用这些方式不一定能够有很好的效果。

第二十三条　注重指导教师能力培养。对心理障碍学生的帮扶指导，需要教师具备一定的心理学知识，对于班主任、辅导员要定期开展专业培训，让他们了解一些心理学方面的知识，及早发现问题并处理。

第二十四条　深入基层班级，建立日常联络机制。辅导员和班主任对学生相对熟悉，他们往往能够在第一时间了解到学生的突发状况，因此需要辅导员和班主任对该群体学生更加关注，在出现情况时能够及时和专业心理教师沟通，迅速安抚学生。定期给班级心理委员培训心理学相关知识，当班级成员中出现问题时，能够分辨并第一时间上报学院主管心理健康工作的教师。

身体障碍群体帮扶

第二十五条　成立帮扶工作小组。学院层面的帮扶工作，由学院主管学生工作负责人牵头，成立帮扶工作小组，专人负责该项工作，并建立长效工作机制。

第二十六条　建立心理干预机制。身体障碍对学生生活、学习有诸多不便，要面对更多的社会压力，也有部分学生存在着一定的心理问题或心理疾患。因此，不仅要在生活、学习方面多关心他们，也要对他们建立有效的心理干预机制。

第二十七条　加强逆境教育。教育学生把逆境当成一种磨炼，调整心态，以乐观积极的态度对待生活、学习、工作中的逆境，找到心理和生活的平衡点。

第二十八条　拓宽就业市场，加强与各地残联的联系。加强与知名企业和各地残疾人联合会的联系与沟通，为身体障碍学生寻觅更多的就业渠道。

第二十九条　跟踪了解帮扶工作效果。帮扶工作小组要实时跟踪了解帮扶工作效果，根据学生的反馈，及时调整计划和措施。

第三十条　疏导心理障碍，克服社会歧视。身体障碍学生在就业过程中因为自身的残疾难免会受到歧视，从而受挫，所以还要对这部分学生的心理障碍和负面情绪进行有效疏导。

第三十一条　构建良好帮扶氛围。身体障碍学生比身体健全学生更加敏感，班主任和辅导员需多加关注；班级同学和室友也应该更加关心和帮助他们，温暖的集体是他们坚强的后盾。

人际交往障碍群体帮扶

第三十二条　学院成立专项工作小组。成立由辅导员、班主任、班委和心理辅导老师组成的专项工作小组，开展学院人际交往障碍学生帮扶工作。

第三十三条　以班级或宿舍为集合筛查并确定帮扶对象。重点关注不善或不愿交往、独来独往、内向、沉默寡言的学生。

第三十四条　分类管理。针对帮扶对象的不同反应或成因，对人际交往困难学生进行分类管理。

第三十五条　制定个性化帮扶计划。针对每个学生的特点和具体情况，由专项工作小组制定个性化帮扶工作计划，提高帮扶针对性。

第三十六条　多策并举，提高人际交往及沟通能力。对人际交往困难学生应加强人际交往和沟通能力的培养，加强班集体和宿舍的建设，使得学生在班级和宿舍中找到归属感，使他们真正地融入班级和宿舍。同时，开展丰富多彩的校园文化活动，让学生在活动中增进交流，提高自身的人际交往和沟通能力。

第三十七条　跟踪了解帮扶效果。帮扶工作小组要全程跟踪了解帮扶工作实施效果并认真记录，根据学生表现及时调整和修订相关措施，以提高帮扶工作的实效性。

第三十八条　和谐相处，多方支持。班主任和班委要紧密配合，一方面，要及时掌握这部分学生的动向和心理状态；另一方面，要多关心和帮助这部分学生的成长，让他们感到温暖和友爱，增强他们对班级的归属感；专业教师可适当增加人际交往困难学生在课堂上表现的机会，促使他们多发言，并给予适当的鼓励，让他们感受到自己的价值，提升这部分学生的自信心；同宿舍的室友更要表现出同学间的关爱，多举行集体活动，不孤立和排斥人际交往困难的室友，营造出温暖的宿舍氛围，让每位同学都在宿舍找到家的感觉。

（执笔：刘祥辉　周峰　张金体）

附录一

经济困难群体帮扶实施方案时间表

时间节点		具体帮扶措施	备注
学期（共八学期）	周		
一	第一周	摸排筛查确定帮扶对象，建立帮扶台账	
	第二周	按照经济困难程度分级	
	第十周	举办新老生经济困难学生经验交流会	邀请高年级经济困难学生优秀代表参加
	第二十周前	按新计划继续推进帮扶工作	
	第二十周	对帮扶效果进行学期分析	
二～七	第一周	筛查并重新确定帮扶对象	
	第二周	按照经济困难程度重新分级	
	第十周前	按计划推进帮扶工作	
	第十一周	对帮扶效果进行中期分析	可对计划进行必要调整
	第二十周前	按新计划继续推进帮扶工作	
	第二十周	对帮扶效果进行学期分析	
八	第一周	筛查并重新确定帮扶对象	
	第二周	分类制定帮扶工作计划	针对个体
	第十周	《我的大学》征文	将优秀经济困难学生的文章汇集成册留待低年级经济困难学生学习
	毕业前	关注学生表现	

附录二

学业困难群体（本科）帮扶实施方案时间表

时间节点		具体帮扶措施	备注
学期（共八学期）	周		
一		分专业确定认定标准	
二～四	第一周	筛查并确定帮扶对象	分年级或专业，重点关注英语、高数等公共必修课和专业必修课
	第二周	成立帮扶工作小组	针对个体
	第三周	制定帮扶工作计划	针对个体
	第十周前	按计划推进帮扶工作	
	第十一周	对帮扶效果进行中期分析	可对计划进行必要调整
	第二十周前	按新计划继续推进帮扶工作	
	第二十周	对帮扶效果进行学期分析	

续表

时间节点		具体帮扶措施	备注
学期（共八学期）	周		
五、六	第一周	筛查并重新确定帮扶对象	分年级或专业，重点关注英语四级和专业必修课
	第二周	成立帮扶工作小组	针对个体
	第三周	制定帮扶工作计划	针对个体
	第十周前	按计划推进帮扶工作	
	第十一周	对帮扶效果进行中期分析	可对计划进行必要调整
	第二十周前	按新计划继续推进帮扶工作	
	第二十周	对帮扶效果进行学期分析	
七	第一周	筛查并重新确定帮扶对象	分年级或专业，重点关注英语四级和专业必修课及未补考或补考未过科目
	第二周	成立帮扶工作小组	针对个体
	第三周	制定帮扶工作计划	针对个体
	第十周前	按计划推进帮扶工作	
	第十一周	对帮扶效果进行中期分析	可对计划进行必要调整
	第二十周前	按新计划继续推进帮扶工作	
	第二十周	对帮扶效果进行学期分析	
八	第一周	筛查并重新确定帮扶对象	分年级或专业，重点关注英语四级和专业必修课及未补考或补考未过科目
	第二周	了解帮扶对象毕设完成情况	
	第十周前	督促完成，以达到毕业要求	英语四级、学分、补考和毕设

附录三

心理障碍群体（本科）帮扶实施方案时间表

时间节点		具体帮扶措施
学期（共八学期）	周	
一	第一周	摸排筛查确定帮扶对象
	第二周	建立心理障碍学生的心理健康档案
	第六周	各学院每月定期上报心理障碍学生状况
	第十一周	各学院每月定期上报心理障碍学生状况
	第十六周	各学院每月定期上报心理障碍学生状况
	第二十周前	对帮扶效果进行学期分析

续表

时间节点		具体帮扶措施
学期（共八学期）	周	
二～八	第一周	摸排筛查确定帮扶对象
	第六周	各学院每月定期上报心理障碍学生状况
	第十一周	各学院每月定期上报心理障碍学生状况
	第十六周	各学院每月定期上报心理障碍学生状况
	第二十周	对帮扶效果进行学期分析

附录四

身体障碍群体(本科)帮扶实施方案时间表

时间节点		具体帮扶措施	备注
学期（共八学期）	周		
一	第一周	摸排筛查确定帮扶对象	
	第二周	成立帮扶小组	
	第三周	分类制定帮扶工作计划	
	第五周	举办如何适应大学生活的讲座	邀请高年级身体障碍学生主讲
	第十周前	按计划推进帮扶工作	
	第二十周	对帮扶效果进行学期分析	
二～六	第一周	重新摸排筛查确定帮扶对象	
	第二周	分类制定帮扶工作计划	
	第十周前	按计划推进帮扶工作	
	第十一周	对帮扶效果进行中期分析	可对计划进行必要调整
	第二十周前	按新计划继续推进帮扶工作	
	第二十周	对帮扶效果进行学期分析	
七	第一周	筛查并重新确定帮扶对象	
	第二周	开展对学生家长的就业指导	
	第十一周	对帮扶效果进行中期分析	可对计划进行必要调整
	第二十周前	按新计划继续推进帮扶工作	
	第二十周	对帮扶效果进行学期分析	
八	第一周	筛查并重新确定帮扶对象	
	第二周	开展对学生家长的就业指导	
	第六周	采用多种方式鼓励、推荐未就业的身体障碍学生寻找工作	联系各地残联、有社会责任心的企事业单位等
	毕业前	关注学生表现	

附录五

人际交往障碍群体(本科)帮扶实施方案时间表

时间节点		具体帮扶措施	备注
学期 (共八学期)	周		
一	第一周	成立帮扶工作小组	
	第十一周	摸排筛查确定帮扶对象	以班级和宿舍为单位展开
	第十二周	分类制定帮扶工作计划	针对个体
	第二十周前	按新计划推进帮扶工作	
	第二十周	对帮扶效果进行学期分析	
二～七	第一周	筛查并重新确定帮扶对象	
	第二周	分类制定帮扶工作计划	针对个体
	第十周前	按计划推进帮扶工作	
	第十一周	对帮扶效果进行中期分析	可对计划进行必要调整
	第二十周前	按新计划继续推进帮扶工作	
	第二十周	对帮扶效果进行学期分析	
八	第一周	筛查并重新确定帮扶对象	
	第二周	分类制定帮扶工作计划	针对个体
	毕业前	关注学生表现	

附录六

××学院20××届毕业生困难群体台账

学 院： 就业工作专职教师： 主管领导：

序号	班级	姓名	性别	民族	生源地	困难类型	困难等级	QQ	E-mail	手机号	具体困难情况	具体帮扶措施

第三章　少数民族学生就业指导标准

少数民族学生既是高校毕业生的一个重要组成部分，又是少数民族精英代表，极具特殊性。少数民族学生的就业工作不仅仅关系到学生自身及家庭的切身利益，更关系到民族团结、社会稳定以及国家繁荣与富强，具有十分重要的政治意义、社会意义。实施少数民族学生就业指导标准要结合民族特色，根据国家和社会需求，有目的、有计划、有步骤地对少数民族大学生进行有效指导，要对少数民族学生的职业定向、职业心理发展、职业选择和职业准备等施加积极影响，确保少数民族学生就业工作落到实处。

第一节　针对少数民族学生特色，树立正确就业观念

第一条　加大对少数民族学生的关注程度。关爱少数民族学生，帮助少数民族学生适应大学新环境。完善现有的少数民族学生教育管理机制和少数民族人才培养机制，设立少数民族学生工作平台，帮助少数民族学生解决学习、生活、语言等各方面困难。

第二条　营造适合少数民族学生发展的文化氛围。对少数民族学生开展集体辅导、深度辅导和个别指导相结合，使其了解大学生活。配备专职辅导员关注个体发展，对近几年少数民族学生的求职就业形势、学校及国家对少数民族学生的资助、促进就业的政策及保障政策进行讲解。

第三条　引导少数民族学生形成正确的就业观念。加强少数民族学生与汉族学生互动和交流，帮助少数民族学生树立信心，培养适当的竞争心理素质，提高就业风险意识、机遇观念。

第四条　做好少数民族学生的学业指导工作。针对少数民族学生文化基础较差、语言水平较低的问题，要做好高校预科教育培养工作，夯实少数民族学生的文化基础，不断加强专业知识的学习，注重创新精神和实践能力的培养，提高分析问题、解决问题的能力，全面提高少数民族素质。

第五条　将少数民族学生特点与《大学生职业发展与规划》课程相结合，为少数民族学生提供各种职业测试、职业咨询，让他们明白自己的职业意向、职业潜能、职业素质等，帮助他们合理规划大学专业学习和生活。

第二节　结合少数民族学生需求，加大就业帮扶力度

第六条　落实国家对于少数民族学生的帮扶政策，做好对少数民族地区就业政策的宣传和解读工作，通过讲座或其他形式的宣传活动鼓励和号召少数民族学生积极投身民族地区建设，并给予相应的奖励扶持。

第七条　建立一支专门从事少数民族学生有关职业、就业等方面的指导、咨询、管理、研究和服务工作的专业化的就业指导工作队伍，增强就业指导针对性。

第八条 以增强少数民族学生就业能力为导向，探索少数民族学生就业指导方式。将授课、讲座、报告、讨论、调查走访、实践锻炼、培训等形式有机结合起来，丰富少数民族大学生对未来服务职业、行业的感性认识，提高他们整体的择业能力。

第九条 建立少数民族学生数据库，制定少数民族毕业生的跟踪帮扶计划，积极引导和鼓励少数民族学生参加就业实践活动。对少数民族学生分群体、分类别、有针对性地开展就业指导、岗位推荐、技能培训等工作。

第十条 探索对少数民族学生进行创业教育，开设面向少数民族学生的创业课程，培养少数民族学生创业意识。

（执笔：宋吉红　郭乙言）

附录

少数民族学生就业指导标准实施流程

学期	具体时间	工作对象	具体内容
第一学期	9月上旬	大一新生	新生入学教育、新老生经验交流
	9月	大二学生	开展专题座谈会，开展《大学生职业发展与规划》课程，进行学业规划
	9月	毕业班学生	对考研、考公务员、自主创业的学生进行指导
	10月	大二学生、毕业班学生	开展就业市场需求分析和毕业生跟踪调查活动
		大三学生	就业形势与就业政策讲解
		大四学生	就业推荐材料的准备
	10—11月	全体学生	评优及暑期实习实践成果搜集、总结、表彰、宣传
	11月	一年级学生	专题职业培训
		二、三年级学生	参与实践活动，了解社会
		毕业班学生	分班级召开毕业主题班会
	12月—次年1月	低年级学生	学业心理辅导(团体辅导)
		毕业班学生	参加公务员考试学生，进行行政管理和申论辅导
第二学期	3—4月	毕业班学生	提醒关注公务员招考信息
		非毕业班学生	分年级开展职业生涯规划课程、就业指导培训及主题班会
	5月	非毕业班学生	开展大学生科研创新计划的宣传组织工作；做好暑期就业实践校园招聘会
		毕业班学生	办理派遣手续
	5—6月	全体学生	就业指导活动
	6月	非毕业班学生	组织参加暑期基层社会实践工作

第四章　未就业毕业生跟踪服务标准

为解决未就业毕业生就业问题，切实体现母校对未就业毕业生的关怀，学校提出建立毕业生跟踪服务体系，对未就业毕业生群体进行全面细致的跟踪服务。通过对其提供政策咨询、校友帮助、职业观教育、用人单位推荐等多方面手段，实现对未就业毕业生群体提供后备支持、拓宽就业渠道、提高其就业能力，并最终实现所有学生就业的目标。

第一节　未就业毕业生群体分类

第一条　未就业毕业生一般可分为：拟考研的毕业生，拟出国的毕业生，因各种原因就业困难的毕业生。

第二条　拟考研学生由于本次考研成绩不理想却又坚定考研方向，决定来年再考而对就业不做任何准备，则无法就业。

第三条　拟出国学生由于动手准备过晚、申请学校审核过晚、申请不成功或签证未获批准等原因无法及时出国而面临未就业。

第四条　就业困难的毕业生一般是指那些有就业愿望和劳动能力，在就业过程中处于弱势地位的人群，他们依靠自身的力量或能力无法实现就业或充分就业，需要国家和社会给予就业支持和帮助的社会群体。

第二节　未就业毕业生跟踪服务工作实施方式

第五条　建立健全的未就业毕业生服务体系。对未就业毕业生提供跟踪服务，内容包括就业政策讲解、提供职业信息帮助、校友帮扶等。同时，在毕业生服务网站建立毕业生服务专栏，该专栏应随时更新考研、出国、就业的相关政策与信息，以及公布与考研、出国、就业有关手续的各职能处室的联系方式，方便学生查找和及时联系。

第六条　与未就业毕业生建立联系机制。学院建立未就业毕业生联系机制，任务层层分解，责任到人。组织专职人员利用电话、飞信、QQ、微信、微博等形式为未就业毕业生提供考研、出国、就业等方面信息，加强与未就业毕业生的联系。如果条件允许，还可采取实地走访或家访的形式，了解未就业毕业生情况，提供后续的就业指导和服务。

第七条　短信、飞信、电话访问的标准格式：×××同学，你好！我是北林……，不知你的近况如何，老师和同学们都很惦记你，想了解你的情况……

第八条　对访问人员的要求：热爱学生，态度诚恳，熟知相关政策并关注相关信息。

第九条　对未就业毕业生跟踪服务至顺利就业。

（执笔：王艳洁　龙晓凡　孙文秋实）

附录一

未就业毕业生跟踪服务实施方案

<table>
<tr><th></th><th>拟考研</th><th>拟出国</th><th>心理障碍型就业困难群体</th><th>经济困难型就业困难群体</th><th>残疾的毕业生困难群体</th><th>学历、专业成绩等原因形成的就业困难群体</th><th>综合素质相对欠缺型就业困难群体</th></tr>
<tr><td>常态化服务</td><td colspan="2">随时向拟考研、拟出国毕业生提供考研、出国的相关政策信息及校内的考研、出国讲座信息，协助办理有关手续。</td><td colspan="5">健全网络服务机制。通过丰富网络招聘活动，完善网络服务功能，提高信息发布质量，定期发布双选会、企业招聘信息，整合各行各业的招聘信息资源，定期开展相应的网上求职招聘活动。同时各省份校友会通过网络发布学校近期活动、校友会联谊活动、校友提供的职业信息、优秀毕业生资料、应聘信息、往届生对应届生的赠言、往届生回忆录等内容来达到搭建毕业生交流平台的作用，这样可以利用优秀毕业生的人脉及社会资源帮助未就业的就业困难群体解决就业问题。</td></tr>
<tr><td>6月</td><td colspan="7">对毕业生就业情况进行全面摸底，建立未就业毕业生联系机制。充分利用QQ、飞信、微信、微博等通信平台将未就业毕业生联系起来。</td></tr>
<tr><td>7月
8月</td><td colspan="7">学院组织专门的慰问团通过电话、网络、走访等形式与未就业毕业生家庭联系，通过询问家庭的情况、父母期待和对学生就业中遇到的一些疑问提出建议和意见，使其调整就业心态。让这些毕业生及其家庭感受到我校的关怀。</td></tr>
<tr><td>9月
10月</td><td colspan="2">建立往届毕业生与拟考研、拟出国毕业生群体互助体系。由各省校友会组织考研、出国一帮一活动，在优秀毕业生及拟出国、拟考研毕业生间搭桥引线，利用优秀毕业生的宝贵经验为拟出国、拟考研的毕业生答疑解惑。</td><td>通过网络教学、个人成长分析、免费职业讲座，个人一对一电话辅导等形式，对该群体开展职业观教育、职业生涯规划教育等，帮助毕业生明确职业选择方向，找准自身定位，科学地评价自我。</td><td>与学校招生、就业活动进行对接，在学校到各省、市挂牌招生、联系就业基地时，与家庭经济困难学生所在省、市有关部门联系，为学生提供优质的就业绿色服务，内容包括人才市场免收学生入场费、免收职业介绍中介费，为大学生自主创业在手续、场地、税务、贷款等政策方面开绿灯；政府让贫困大学生享受就业、失业保障机制等。</td><td colspan="2">与学校招生活动进行对接，在学校到各省、市挂牌招生时，与残疾就业困难学生所在省、市有关部门联系，为学生提供就业绿色通道。内容包括职业介绍，就业、失业保障机制、残疾优惠服务等。并定期向该群体提供合适的就业信息。</td><td>学校开展未就业毕业生免费就业培训，培训内容为公务员知识及技能类课程、中、小学教师知识及技能类课程、各种资格证类课程等，以此提高未就业毕业生的就业竞争力。</td></tr>
<tr><td>11月
12月</td><td colspan="2">开展拟出国、拟考研毕业生免费考前培训、答疑。</td><td colspan="5">组织见习岗位招聘会
组织大型专场招聘会</td></tr>
</table>

续表

<table>
<tr><th></th><th>拟考研</th><th>拟出国</th><th>心理障碍型就业困难群体</th><th>经济困难型就业困难群体</th><th>残疾的毕业生困难群体</th><th>学历、专业成绩等原因形成的就业困难群体</th><th>综合素质相对欠缺型就业困难群体</th></tr>
<tr><td>1月</td><td>为该群体提供考前心理咨询，以缓解考试压力，为学生答疑解惑。</td><td rowspan="4">为该群体提供择校、政策咨询，为该群体在办理相关手续方面开绿灯。</td><td colspan="2">组织家庭咨询，将学生、学生父母、学校三者有机地结合起来，共同探讨学生发展问题，给予建议与意见。</td><td colspan="2">各类资格考试、公务员考试考前辅导、提供就业实习机会。</td><td>提供就业实习机会、并向该群体提供求职技巧、职业素质培训。</td></tr>
<tr><td>2月</td><td rowspan="3">为该群体免费提供复试咨询讲座，帮助学生做好复试准备。</td><td colspan="5">开展一对一心理咨询、职业咨询、创业服务活动</td></tr>
<tr><td>3月</td><td colspan="5" rowspan="2">组织大型专场招聘会</td></tr>
<tr><td>4月</td></tr>
<tr><td>5月</td><td colspan="7" rowspan="2">对未就业毕业生就业情况再次摸底</td></tr>
<tr><td>6月</td></tr>
</table>

附录二

________届未就业毕业生信息登记表

<table>
<tr><td>姓名</td><td></td><td>性别</td><td></td><td>出生年月</td><td></td><td rowspan="3">照片</td></tr>
<tr><td>民族</td><td></td><td>政治面貌</td><td></td><td>生源地</td><td></td></tr>
<tr><td>毕业学院</td><td></td><td>毕业专业</td><td></td><td>学历</td><td></td></tr>
<tr><td>健康状况</td><td></td><td>兴趣特长</td><td></td><td>学积分及综合排名</td><td colspan="2"></td></tr>
<tr><td colspan="2">外语水平</td><td colspan="2"></td><td>计算机水平</td><td colspan="2"></td></tr>
<tr><td colspan="2">联系电话</td><td colspan="2"></td><td>E-mail</td><td colspan="2"></td></tr>
<tr><td colspan="2">人人网或微信、微博</td><td colspan="2"></td><td>QQ</td><td colspan="2"></td></tr>
<tr><td rowspan="7">家庭情况</td><td>家庭住址</td><td colspan="2"></td><td>邮编</td><td colspan="2"></td></tr>
<tr><td>父亲姓名</td><td colspan="2"></td><td>联系方式</td><td colspan="2"></td></tr>
<tr><td>工作单位</td><td colspan="2"></td><td>职业</td><td colspan="2"></td></tr>
<tr><td>母亲姓名</td><td colspan="2"></td><td>联系方式</td><td colspan="2"></td></tr>
<tr><td>工作单位</td><td colspan="2"></td><td>职业</td><td colspan="2"></td></tr>
<tr><td>家庭月收入</td><td colspan="5">□ 2 000 元以下　□ 2 000～5 000 元
□ 5 000～10 000 元　□ 10 000 元以上</td></tr>
<tr><td>家庭情况描述</td><td colspan="5"></td></tr>
</table>

续表

<table>
<tr><td rowspan="4">就业意向</td><td>理想的工作地点</td><td>□ 省会城市 □ 地级市 □ 乡镇
请写出具体城市：____________</td></tr>
<tr><td>理想的工作单位</td><td>□ 外企或合资企业 □ 私营企业 □ 民营企业 □ 国有企业
□ 政府机关 □ 教育系统 □ 科研机构 □其他事业单位
□ 其他____________</td></tr>
<tr><td>理想的职业倾向</td><td>□ 管理人员 □ 传媒、艺术、文体娱乐类 □ 销售及相关职业
□ 商业及金融 □ 医疗卫生行业 □ 社区及社会服务工作
□ 医疗卫生 □ 农、林、畜牧业 □ 食品加工和餐饮服务类
□ 建筑物、地面清洁及维护 □ 科研工作 □ 建筑、工程技术
□ 设备安装、维修和保养类 □ 个人护理及服务性职业
□ 安全保卫、消防人员 □ 物流人员 □ 计算机和数据分析
□ 法律工作者 □ 教育、培训及图书管理 □ 其他____________</td></tr>
<tr><td>理想月收入</td><td>□ 2 000～3 000 元 □ 3 000～5 000 元 □ 5 000～8 000 元
□ 8 000 元以上</td></tr>
<tr><td>毕业生希望得到哪些帮助</td><td colspan="2"></td></tr>
<tr><td>在校期间所任职务、获奖情况</td><td colspan="2"></td></tr>
<tr><td>社会工作及实践经历</td><td colspan="2"></td></tr>
<tr><td>职业技能情况</td><td colspan="2"></td></tr>
<tr><td>毕业生自我评定</td><td colspan="2"></td></tr>
<tr><td>班主任评价</td><td colspan="2">（签名） 年 月 日</td></tr>
<tr><td>学院评价</td><td colspan="2">（请判断就业困难类型）
（公章） 年 月 日</td></tr>
</table>

第五章　国防生职业发展指导标准

国防生职业发展指导工作是指选培办和高校通过帮助国防生确定职业军人道路，制定和实施职业发展计划，充分调动国防生职业潜能，实现军队人才培养目标的过程或管理活动。国防生的培养目标是为部队培养德、智、体、美全面发展，具有较高的军事职业素质，掌握自然科学基础知识和人文社会科学知识，基本具备本领域分析问题解决问题的能力，在部队建设中起骨干作用的人才。根据国家和部队的需求，与选培办形成合力，不断适应强军目标要求，着力培养“有灵魂、有本事、有血性、有品德”的军队后备干部。

第一节　夯实基本素质，落实学习指导

第一条　强化入学教育，帮助国防生尽快适应大学环境。通过座谈会、集体辅导和深度辅导相结合的方式，使其充分了解高校国防生的生活。对优秀国防生应该具备的政治素质、军事素质、文化素质、体能素质等综合素质向新生进行讲解和渗透。

第二条　确保政治合格。通过开展党的先进理论和党的创新理论教育，用正确的价值观引导，用先进的典型激励，把“听党指挥、能打胜仗、作风优良”的强军目标要求注入学生的血脉之中，增强学生建设强大国防的责任感和使命感。

第三条　完善职业指导。配备国防生辅导员关注个体发展。做好专业学习引导，明确科学文化素质是国防生必须具备的基本素质，端正学习态度，树立学习目标。结合国防生培养目标对国防生单独进行职业生涯引导，指导国防生合理规划学习、生活和训练，为成为一名合格的国防生打下良好基础。

第四条　培养军人作风。全程对国防生实施准军事化管理，把作风纪律养成贯穿到国防生培养全过程，把学习军人常识、条令条例与学习校规校纪结合起来，培养国防生的军人作风和纪律观念。

第五条　提升军事素质。国防生的军事素质是他们进入部队工作的基础。因此，要在日常督促国防生积极参加军事训练，并开展丰富多彩的体育活动，培养国防生的体育爱好和特长。结合假期基地化集训，达到阶段训练标准，以适应部队高强度的军事工作。

第六条　加强心理疏导。国防生在大学里要承受比普通同学更多的压力，学院和选培办要更加关注国防生的心理成长，疏导不健康的心理因素，帮助国防生提高心理素质，具备适应紧张、艰苦军事工作的良好心理素质。

第二节　开展全面实践，提高基层岗位胜任力

第七条　全面提升素质。指导国防生参与第二课堂实践活动，在学生活动中从思想品德、语言表达、组织管理、沟通协调、动手操作等各方面提高自身素质和能力；依托学校的平台资

源，培养文艺、文学、体育等特长，为将来适应部队发展打下坚实的基础。

第八条　加强国防生党建工作。吸纳更多更优秀的国防生进入党组织中来，通过学习党的理论知识武装头脑。通过党支部开展具有国防生特色的实践活动，提高国防生政治理论水平和党性修养。

第九条　着力提升国防生组织管理能力。选拔高年级表现优秀的国防生担任模拟代职骨干，协助开展国防生管理相关工作内容。鼓励国防生担任学校、学院、班级学生干部和骨干，培养国防生组织管理能力。

第十条　配合选培办做好国防生当兵实习和基地化集训工作。大四国防生为期一个月的当兵实习和基地化集训，是国防生近距离了解部队、体验军营生活、提高带兵能力的宝贵机会，学院与选培办共同做好动员、调研以及总结工作，了解部队需求，为国防生培养明确目标。

第三节　加强军地合作，建立反馈机制

第十一条　学院与选培办要建立密切的合作关系，实现军地双方"同频共振"，共同培养出思想坚定、知识丰富、基础扎实、素质过硬的优秀国防生。

第十二条　军地双方要形成长期的反馈机制，定期交流研讨，不断改革创新国防生的人才培养方案，满足国家和部队的需求。

（执笔：温跃戈　汤宛地　陈余珍）

附录

国防生职业发展指导标准安排

学期	具体时间	工作对象	具体内容
第一学期	9月上旬	大一新生	新生入学教育、授旗仪式、新老国防生经验交流
	9月	大二国防生	开展专题座谈会，开展《国防生职业发展与规划》课程，进行学业规划
	9月	大四国防生	对保研、考研的国防生进行资格审核和报考指导
	10—11月	全体国防生	国防生党支部开展特色活动
	12月	大一国防生	新生授衔仪式
	1月	大四国防生	基地化集训
第二学期	3月	大四国防生	当兵实习动员
	4月	大四国防生	当兵实习
	4—5月	全体国防生	国防生党支部开展特色活动
	5月	大四国防生	当兵实习总结、军事理论集中学习、军政素质强化训练、撰写毕业论文和完成毕业设计
		大一国防生	军训
	6月	大四国防生	毕业考核、毕业分配派遣
	8月	大一国防生	基地化集训
	8月	大二国防生	基地化集训

第六章　考研、留学、公务员及事业编制招考指导标准

根据考研、留学、公务员和事业编制招考的相关规定，结合近年来我校参与以上各类考试的具体情况，特制定本指导标准，以推进此类毕业生就业工作的开展。

第一节　形势分析

第一条　公务员：指依法履行公职、纳入国家行政编制、由国家财政负担工资福利的工作人员，公务员考试分为国家公务员和地方公务员两类。从近年数据看，公务员报考人数激增，录取率较低，2014年后报考人数有所下降，但招录比仍然较大，录取率仍然较低。报名人数最多的职位具有以下特点：无特殊专业限制；无政治面貌要求；无基层工作年限以及相关工作经历要求；无专业考试；英语要求四级以上水平，且工作地区为沿海经济发达城市，工作环境良好。

第二条　选调生：选调生是各省区市党委组织部门有计划地从高等院校选调的品学兼优的应届大学本科及其以上的毕业生的简称。这些毕业生将直接进入地方基层党政部门工作，作为党政领导干部后备人选和县级以上党政机关高素质的工作人员人选进行重点培养。近年来，各省的选调生报考人数逐年剧增，竞争相当激烈，录取率也在逐年下降。

第三条　考研：近年来考研人数逐渐增多，组成呈现多元化趋势（包括应届本科毕业生直接考研、往届毕业生重返考研大军等）；随着全日制专业学位硕士的招生，研究生招生专业和数量有所增加，招生类型由三年制的学术型硕士向专业学位硕士倾斜，专业学位硕士培养学制各校不同，多数学校专业学位硕士执行两年制，区域格局继续变化，国家重点扶持突出向中西部发展。

第四条　留学：当前，我国出国留学呈现出几大趋势：大学生留学人数稳定增长；自费留学生数量已占了留学生的大多数，达到总量的90%以上；赴美留学依然是众多留学生的首选，同时北欧、亚洲等国家日益受到关注；留学专业选择多元化、凸显理性回归；留学生质量参差不齐，并产生了许多社会问题。

第二节　指导

第五条　公务员、选调生和事业编制招考：公务员考试一般包括行政能力测试和申论两个部分，考题内容覆盖面很广，包括政治、经济、法律、科技和管理等方面的知识；考察能力也很全面，包括言语理解与表达、判断推理、综合分析和阅读理解等。因此，首先要引导学生提早制定符合自己的公务员备考方案，分阶段、分重点备考；其次，指导学生根据自身的不同情况，确定报考层级和对口职位，主要依据生源地、专业、职位热度等，选择适合自己的职位；再次，组织公务员备

考讲座、公务员报考经验交流、开展模拟面试等活动，对公务员备考开展有针对性的指导。

第六条　考研：首先要帮助学生树立一个正确的考研观，辅导学生认清形势、认清自我，想明白为什么考研；其次，引导学生正确选择院校、专业，通过引导学生全面地剖析自我，了解自身实力和兴趣，选择最合适自己的学校、专业；再次，组织学生参加考研讲座、辅导班，组织考研交流会等。在学生备考期间，应关注学生的备考过程和心理变化，鼓励学生持之以恒，积极备考。

第七条　留学：首先，引导学生给自己一个正确的定位，做好经济上、语言上和环境适应上的各种心理准备，冷静思考留学是否适合自己的情况；其次，给予学生在申请留学步骤、申请时间点、资料准备方面的指导，引导其关注成绩、语言水平等，做好留学准备；再次，组织相关的交流培训会，鼓励学生与有经验的学长学姐联系，了解更多关于出国的信息，也可以利用假期去国外旅行或者参加交流学习项目，以更好地了解外国的学习和生活习惯。

（执笔：卢振雷　江宁）

附录一

招考类项目就业指导推进表

<table>
<tr><th rowspan="2">招考类项目</th><th colspan="3">辅导重点</th><th rowspan="2">执行人</th><th rowspan="2">监督人</th></tr>
<tr><th>大一：了解需求，分析优势，客观定位</th><th>大二：明确选择，形势、政策分析</th><th>大三、大四：制定计划，针对辅导</th></tr>
<tr><td>公务员选调生</td><td>性格探索：外向、开朗、坚强、乐观、积极向上而沉稳。
可迁移能力：具备很高的综合素质和很强的综合工作能力，包括政策运用能力、文案工作能力、沟通协调能力和组织协调能力。
自我管理技能：责任意识、执行意识和团队精神。</td><td>形势：国考报考人数每年剧增，竞争更激烈。海关系统仍然是顶级火热的部门，报考人数最多的前十大职位全部为海关系统。要重点关注生源地、学校所在的省、市公务员招考。
政策：工作稳定、福利待遇有保障、能解决户口等。发展空间局限、升职受时间、资历限制。</td><td>备考：吃透政策、分阶段备考。
辅导方式：咨询辅导、模拟面试、讲座、交流会。</td><td rowspan="3">学院就业服务中心</td><td rowspan="3">学校就业服务中心</td></tr>
<tr><td>考研</td><td>兴趣探索：喜欢做研究、有科研潜力。
知识技能：对所学领域有想法、有专业技能。
自我管理技能：有计划、有毅力。</td><td>形势：考研人数持续增长，不同学校、专业间的报考难度差异较大。未落实就业去向的毕业生也以考研为首选。
政策：报志愿、笔试、复试、调剂。</td><td>备考：考研观、心理辅导、多轮复习。
辅导方式：咨询辅导、分专业针对辅导、讲座、交流会。</td></tr>
<tr><td>留学</td><td>价值观探索：信仰、道德观、文化冲突。
知识技能：语言。
自我管理技能：自学能力、自立自理能力。
物质保障：自费留学所承担的学费及生活费用。</td><td>形势：大学生留学人数稳定增长；自费留学生数量已占了留学生的大多数。
政策：海归、海待。</td><td>备考：合理定位、成绩、语言水平。
辅导方式：咨询辅导、留学经验分享。</td></tr>
</table>

附录二

报考指南

一、公务员

公务员,是指依法履行公职、纳入国家行政编制、由国家财政负担工资福利的工作人员。由于招考程序上的不同,习惯上又分为国家公务员考试和地方公务员考试。

(一)考试流程

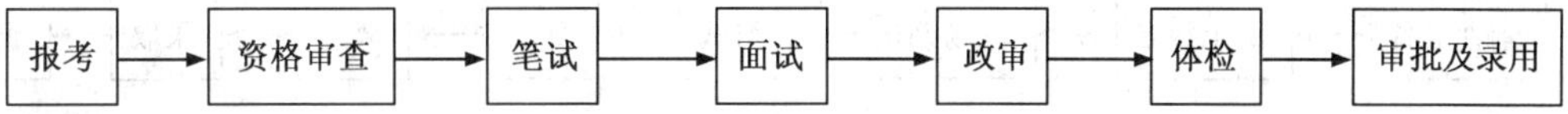

(二)考试科目

中央、国家机关的公务员考试包括笔试:行政职业能力测验、申论(少数岗位加试专业科目)和面试。

(三)报考时间

从2002年起,中央和国家机关公务员招录工作的报名时间固定在每年10月下旬,考试时间则固定在每年11月的第四个星期日。地方的公务员考试时间差异很大,需要考生注意关注各地的招考信息。

二、选调生

选调生是组织部门有计划地从高等院校选调品学兼优的应届大学本科以上毕业生到基层工作,作为党政领导干部后备人选和县级以上党政机关高素质的工作人员人选进行重点培养的毕业生。全国各省的招考程序基本一致,个别地区有些差异。

(一)考试流程

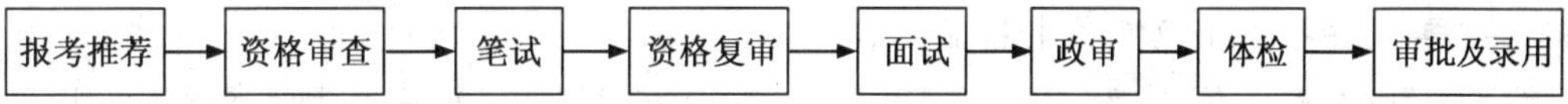

(二)考试科目

选调对象必须通过选调生录用考试,笔试科目一般为行政职业能力倾向测验和申论。

(三)报考时间

各省的选调生报考时间差异很大,注意关注各地的招考信息。考试时间一般在报名后一个月左右,最终录用一般要延续到毕业前夕,整个招录过程较长。

(四)公务员、选调生常用网站

- 中华人民共和国人事部网站:www.mop.gov.cn
- 各省、自治区、直辖市人事局网站
- QZZN论坛 http://bbs.qzzn.com/
- 华图网校 http://www.htexam.net/
- 无忧考网 http://www.51test.net/
- 华图教育 http://www.htexam.com

三、考研

在我国的学位制度中把学位分为学术学位和专业学位两大类。

学术型硕士研究生主要是培养学术研究人才,课程设置侧重于加强基础理论的学习,重点培养学生从事科学研究创新工作的能力和素质。

专业学位硕士研究生是在培养某一专业领域具有坚实的基础理论和宽广的专业知识，具有较强的解决实际问题的能力，能够承担专业技术或管理工作，具有良好的职业素养的高层次、应用型专门人才，课程设置以实际应用为导向，以职业需求为目标，以综合素养和应用知识与能力的提高为核心，注重培养学生研究实践问题的意识和能力。

（一）考研的基本流程

前期准备 → 网上报名 → 现场确认 → 初试 → 复试 → 调剂 → 录取 → 调档

（二）考研常用网站

- 考研论坛 http://www.kaoyan.com/
- 无忧考网 http://www.51test.net/

四、留学

（一）留学分类

公费留学；公派留学；自费留学。

（二）申请流程

筛选学校 → 语言考试 → 申请材料 → 录取通知 → 办理护照、签证 → 入学

（三）留学指南

1. 英国

留学政策：实施国际毕业生实习计划，只要是本科以上毕业生，毕业后可以在当地无条件延签1～2年。并推出了短期学生签证。

留学费用：学制一年，学费12万～18万元/年（人民币，下同），住宿生活费8万～12万元/年。提供奖学金，针对国际学生的奖学金为1.5万～7.6万元。

成绩要求：雅思成绩6.5～7分；热门专业的大学4年各科平均分需在80分以上，且最好是“211工程”院校，非热门专业则需在75分以上；工程类专业比文科和商科的成绩要求低。

打工政策：可以打工，上学期间每周20小时以内，假期则没有时间限制。餐馆、超市的工作较易找，薪水约为76元/小时。

热门院校：巴斯大学、约克大学、伯明翰大学、纽卡斯尔大学等。

热门专业：金融、会计、市场营销、酒店管理、体育管理、动画设计、建筑、城市规划等。

特别提醒：每年9—10月开学，从每年9月开始接受申请，越早申请对学生越有利。学生只要完成6个学期的本科课程就可以申请。

2. 美国

申请指南：院校注重考察学生的综合素质，包括平时参加社会活动等都对申请有利。需要提供周详的学习计划、学习目的、回国计划等，不能表现出有移民倾向。

留学费用：按地区不同有所不同，中部最低廉。学费3.7万～33.8万元/年，住宿生活费4.5万～12万元/年。可提供奖学金，最高额度可享受学费、住宿费全免。

成绩要求：新托福成绩100分以上或老托福成绩600分以上；商科需要考G-MAT，且在

700分以上；计算机类专业需要考GRE，且在1 200分以上；大学4年各科平均分在85分以上。

打工政策：合法打工时间为1周20小时，以在学校的国际招生办公室工作最理想，薪水在75元/小时以上。另外，如果申请在学校宿舍当管理员，可以享受住宿费全免或者免3/4待遇。

热门院校：加州大学洛杉矶分校、南加州大学、威斯康星麦迪逊大学、伊利诺伊大学香槟分校。

热门专业：MBA、金融、统计、会计、生物工程、化学、计算机工程类等。

特别提醒：以春秋季入学为主，一般申请需要提前半年。

3.澳大利亚

留学政策：原来要求学生半年之内不许转学，就业压力和就业面相对较为宽松。2007年9月1日起，移民政策有所调整，调高了雅思的成绩，4门达到7分才可以加到最高分，称为“移民综合分值”。

留学费用：学费12万元/年，住宿生活费6万元/年。

成绩要求：雅思一般要求是6.5～7分，不过很多专业在今年抬高了雅思分数，如莫纳什大学商科（会计、金融、银行、MBA类专业）提高到了7分。顶级高校根据是否属于“211工程”院校的毕业生，对大学4年各科平均分要求有所不同。

打工政策：可以打工，每周20小时。可根据专业找工作，或者打零工（如饭馆）。薪水平均为90～125元/小时。

热门院校：墨尔本大学、悉尼大学、莫纳什大学、悉尼科技大学。

热门专业：商科、计算机、生物工程、土木工程、通信工程、采矿工程、教育、药学、传媒等。

特别提醒：一般2月开学，应提前半年申请。建议学生在大三下半学期开课以后着手开始申请学校。

4.加拿大

申请指南：需提供大学录取通知书、能够体现良好教育背景的材料、毕业证、学位证以及参加社会实践的证明、荣获的一些证书等。此外，留学费用相比其他主要留学国家要稍显低廉。

留学费用：学费7.9万～10.8万元/年，住宿生活费5.7万～7.2万元/年。奖学金难申请，但有助学金，即在读书过程中通过担任助教或者给教授帮忙获得补助。

成绩要求：大学4年各科平均分在80～85分，或者是B+以上；GPA在3.0分以上；新托福成绩93分以上或老托福成绩580分以上，雅思成绩6.5分以上。商科类要求G-MAT的成绩在620分以上，工程类要求GRE成绩最低为1 200分。

打工政策：可以打工，每周20小时以内。主要以零工为主，在饭馆、超市打工，薪水为40～60元/小时。

热门院校：英属哥伦比亚大学、西安大略大学、麦克马斯特大学、里贾纳大学等。

热门专业：商科、MBA、计算机、工程类（机械工程、电子工程）、教育、生物工程等。

特别提醒：本科生完成6个学期的课程之后即可申请。申请的黄金时间为每年的12月底左右，需2～5个月。

(四)护照和签证的办理

1. 护照

办理护照相对来说简单些,目前国内公安部门已大大放宽了公民出国的审查限制。您只要将身份证、户口簿,以及填写好的申请表格递交到户口所在地的公安局出入境管理部门即可。

材料备齐后,一般公安机关可在1周之内办完护照。

2. 签证

签证必备的材料一般包括:大学入学通知书(仅有语言学校录取通知书还不足);出生公证、学历公证;居住证明;身份证、护照;本人银行存款证明;大学毕业证书原件;语言考试成绩(由使领馆提供备案);个人笔述申请材料,包括留学专业、留学年限、回国打算等;以上原件和复印件各一份。

先在各地域使领馆领取申请表,后须在文化处审查。这是关键一步,一般签证官会问些简单对话,主要看您的材料是否齐全以及语言成绩如何。

第七章　职业规划与就业指导预约咨询标准

为了解决在校生职业发展与就业方面的困惑和个性化问题，学校开展职业规划与就业指导预约咨询，秉承全程化、专业化、个性化的就业指导服务理念，对全校各年级学生提供职业规划与就业指导咨询服务。

一、咨询对象

在校全日制学生。

二、咨询师组成

校研工部、招就处就业服务中心专职教师、各学院就业专职教师、校就业创业教育研究会聘任导师、学校退休老教授服务团、校外职业咨询师。咨询师需经过专门培训方可上岗。

三、咨询内容

大学生涯规划；自我认知与职业定位；职业选择与职业发展；就业形势与政策；求职技巧与职业能力培养等。

四、咨询时间

来询者与咨询师具体商定，每次 1 小时。

五、咨询地点

就业服务中心或各学院职业咨询室。

六、咨询流程

方式一：电子邮箱预约咨询

来询者提前三天将“北京林业大学学生职业规划与就业指导咨询信息表”，按要求认真填写完整后，发送至想要预约的咨询师的邮箱。

如无指定咨询师可发送至就业服务中心指定邮箱，由就业服务中心安排。

方式二：就业信息系统预约咨询

登录学校就业信息系统，通过预约平台进行预约，来询者与咨询师自行商定具体咨询时间及地点。

其他：预约咨询每次不超过 1 小时，如一次咨询不能完成，可再约时间进行咨询，最多不超过 2 次。咨询师将咨询记录交回就业服务中心存档，就业服务中心定期对咨询者进行回访。

七、咨询原则

1.就业服务中心和咨询师对来询者的个人信息采取保密原则，未经来询者的允许，不会将之透露给其他任何单位和个人。但如果咨询师在咨询过程中得到来询者可能危及自身或他人安全的信息暗示时，咨询师有权与有关方面取得联系或者帮助来询者转介到其他部门。

2.职业规划与就业指导咨询的过程，既有收益又有风险。收益是通过咨询排解职业发展或就业方面遇到的困扰和压力、激发个体潜能、促进个人成长；风险包括回忆起不愉快的往事、激发起强烈的情绪或情感等。

3.在咨询过程中，保持积极、开放、诚实的态度非常重要，来询者与咨询师应相互尊重、坦诚相待，不得有任何歧视或人身攻击等行为；如咨询内容涉及个人隐私，应以来访者自愿为原则。

4.就业服务中心提供的咨询为免费服务，不以任何形式收取来询者的费用。在咨询过程中，来询者有权随时提出中断咨询。

5.本细则最终解释权在北京林业大学招生就业处就业服务中心。

（执笔：王兆龙）

附录一

北京林业大学学生职业规划与就业指导咨询信息表

请认真填写下表后，提前3天发送至想要预约的咨询师的邮箱；没有指定咨询师的请发送至校就业服务中心指定邮箱。

咨询时间：________ 咨询地点：________

姓名：	性别：	出生年月：
学号：	学院：	班级：
宿舍号：	固定电话：	移动电话：
E-mail：		
预约咨询师	姓名：________	
描述一下你想通过咨询解决的主要问题		
描述一下你的人格特征（如个性特长、兴趣爱好、价值观、能力、优势和劣势等）		
描述一下你的学习情况（如对专业课程感兴趣的程度，学习能力，专业排名、外语水平等）		
描述一下你的课余生活情况（如实习兼职、参加的学生工作组织或社团活动等）		
描述一下你本科毕业以后的计划和打算		

附录二

北京林业大学学生职业规划与就业指导预约咨询协议

本协议写明了咨询原则、来询者的权利和义务、咨询师必须遵守的道德规范等，请仔细阅读，如对协议内容没有异议，请签字。

一、就业服务中心和咨询师对来询者的个人信息采取保密原则，未经来询者的允许，不会将之透露给其他任何单位和个人。但如果咨询师在咨询过程中得到来询者可能危及自身或他人安全的信息暗示时，咨询师有权与有关方面取得联系或者帮助来询者转介到其他部门。

二、职业规划与就业指导咨询的过程，既有收益又有风险。收益是通过咨询排解职业发展或就业方面遇到的困扰和压力、激发个体潜能、促进个人成长；风险包括回忆起不愉快的往事、激发起强烈的情绪或情感等。

三、在咨询过程中，保持积极、开放、诚实的态度非常重要，来询者与咨询师应相互尊重、坦诚相待，不得有任何歧视或人身攻击等行为；如咨询内容涉及个人隐私，应以来访者自愿为原则。

四、就业服务中心提供的咨询为免费服务，不以任何形式收取来询者的费用。在咨询过程中，来询者有权随时提出中断咨询。

五、本协议最终解释权在北京林业大学招生就业处就业服务中心。

咨询师签字　　　　　　　　　　来询者签字

年　　月　　日　　　　　　　　年　　月　　日

第二篇

就业市场建设和就业文化氛围营造

第一章　就业市场建设服务标准

为进一步提高我校就业市场开拓的工作水平，根据学校相关文件和总体要求，结合目前的工作情况，特制定就业市场开拓的工作标准和维护方案。

第一节　就业市场的分类与开拓目标

第一条　就业市场按地域划分，可分为京内和京外；按性质分，可分为党政机关、事业单位和企业；按行业分，可分为主流行业和非主流行业。

第二条　校院两级就业工作部门应根据就业市场的分类，拟定年度走访计划。招生就业处统筹全校走访安排。学院每年应走访京内市场至少 3 次，京外市场 3～5 次；走访机关及事业单位 5～10 家，走访企业 10～20 家。学生较少，规模较小的学院可酌减。

第二节　队伍组建

第三条　建立就业分省联系人制度。选聘热心大学生就业工作的教职工担任各省就业联系人。就业工作联系人一般应由副教授或副处级以上干部担任，其主要职责是负责我校在该省份的就业市场开拓、联络和主流行业就业信息收集工作。

第四条　配合就业分省联系人工作，选拔当地就业联系人。一般应聘请各省份主流行业内有影响力的知名校友或学生家长担任各省的本地联系人，此聘请工作可结合校友会工作来开展，可聘请在当地校友会的常设机构中专门负责就业市场开拓和维护的副秘书长，其主要职责是协助校内就业联络人进行就业市场开拓和信息收集工作。

第五条　校内外就业联系人的聘任。为应对人员更替，保障当地就业工作的延续，校内和校外就业联系人每 2 年进行一次遴选聘任，并要求就业联系人制定各省、市固定就业信息库，以便于就业联系工作的延续。如联络人因工作调动等原因不便于继续担任，可进行临时的调整。

第六条　就业市场队伍的其他组成人员。以学院或学科为单位，由各学科负责人、就业工作人员、专业教师组成学科就业指导团队，结合各专业的就业方向，结合培养计划和近年来的就业状况，分析总结并确定各专业的主流就业方向，对学生予以引导和指导。各专业主流就业方向根据教学大纲的修订频率，每 2 年进行一次研讨和针对性调整。

第七条　就业市场队伍的联络机制。通过校内就业联系人和当地就业联系人之间的长期联系，搭建学校与地方的沟通桥梁。学校通过联络人的沟通得到本地主流行业就业信息和我校毕业生发展状况的信息反馈，促进当地的就业市场开拓，同时利用彼此的资源和互补优势帮助对方，取得校地双赢。

第三节 就业市场开拓的方式

第八条 形象宣传。通过完善校园就业信息网站，更新并维护毕业生推荐、企事业单位推荐等网站模块；制作一定数量的毕业生信息宣传拉页、毕业生专业介绍宣传册等，为就业市场的开拓奠定基础。

第九条 信息沟通。通过各大招聘网站搜集专业相关的就业信息，整理分析后作为潜在就业市场加以关注，以此方式每年获得一定数量的新增就业单位；通过校园就业信息网站、电子邮件、微博等媒体，发布学校的各类就业动态，并与以往的主流就业单位保持联系，获得新信息，巩固建设成果。

第十条 主流行业市场开拓与走访。通过建立就业实践基地，开拓主流行业的就业市场，通过定期走访或邀请来校招聘座谈等方式，保持密切的联系与沟通。其中，就业实践基地应依据学生的就业去向每两年进行一次调整。立足重点行业学(协)会、产业协会，通过各种产品博览会、技术交流会、学术会议等，与广大企事业单位建立联系，进行专题走访，以加强学校和用人单位的交流，听取用人单位对毕业生情况的反馈，获取单位的新的用人需求。

第十一条 新市场发掘。对于毕业生就业较少，还未形成一定规模的就业市场的省市，采用积极联系、重点推介的方式，以当地生源和意向生源为主，逐步建立良好的合作关系。同时，通过和当地林业、园林、环保等行政部门、专业人才服务机构的交流与合作，根据省市就业的需求及特点，灵活调整就业市场的开拓方向，整合资源，引导学生树立正确的就业观，促进回省回市工作，到二线三线城市工作，到西部工作，逐步扩大我校就业市场的地域覆盖，为毕业生就业提供更广阔的空间，实现就业地域流向的多样化。

第四节 就业市场的巩固与维护

第十二条 巩固基地与学校的关系。就业实践基地的建设不仅能促进毕业生到特定单位就业，更加有利于学校和用人单位建立更为紧密的合作关系。与基地单位进行定期的互动和互访是维护和巩固就业市场的有效措施。

第十三条 电话回访形成良性互动。在每年的 6 月份对就业实践基地单位进行电话回访，交流暑期实践的需求信息；在每年的 9 月份对基地单位进行电话回访，交流下一年度的就业需求信息。在学校召开大型招聘会之前，联络并邀请就业实践基地单位参加招聘会优先提供招聘服务。

第十四条 宣传手册寄送形成机制。在每年的 9 月份编制毕业生专业介绍手册和毕业生信息宣传拉页，内容包含学校该年度所有的毕业生专业信息、人数、专业培养方向、主干课程和适合就业岗位等，寄送给就业单位和潜在就业单位。

第十五条 感情联络。通过定期邀请用人单位来校进行交流会、恳谈会、座谈会等，了解单位人才需求，反馈我校毕业生在单位就业情况，促进校企之间的感情联络与合作；每年元旦前夕给用人单位寄送贺卡，送去祝福，与用人单位建立深厚友谊；对于单位主动提出的交流互访活动予以重视并热情接待；对于单位的技术、人才求助，尽力协调校内资源帮助解决实际问题。

(执笔：刘尧 严密 赵欢)

附录

全年就业市场维护和开拓时间安排表

时间	目标	内容	执行人	监督人
1月	梳理就业实践基地	更新就业实践基地名录，主动联系单位，送上节日祝福，了解单位需求信息，确定学校走访目标。	校、院就业指导中心	招就处负责人、学院党委副书记
2—3月	重点区域的市场走访	2—3月为各单位确定进人计划时间，重点围绕京津地区、长三角地区、珠三角地区开拓市场，抓住用人需求量最大的区域，争取每年输送大量人才。	校、院就业指导中心	招就处负责人、学院党委副书记
4月	抓好基层就业项目	4月为众多基层项目启动时间，鼓励和引导毕业生到基层到西部就业，抓好北京市"村官""支教"项目，志愿服务西部计划和首都基层服务团项目。	校、院就业指导中心	招就处负责人、学院党委副书记
5月	更新学校就业单位信息	5月是毕业生签约最关键的时间，通过引导毕业生签约进一步更新学校就业单位信息，为下一届毕业服务。	校、院就业指导中心	招就处负责人、学院党委副书记
6月	开展就业实践项目	针对大三同学期末需求，重点邀请有接收学生实习意向的用人单位，组织实习实践双选会。	校、院就业指导中心	招就处负责人、学院党委副书记
7—8月	巩固原有就业市场	梳理一年来接收过我校毕业生的用人单位，利用暑假期间开展毕业生跟踪调查，同时建立和单位的长期联系。	校、院就业指导中心	招就处负责人、学院党委副书记
9—10月	京外市场开拓走访	在巩固原有市场的基础上，通过地方人事部门、开发区管委会、行业协会、网络媒体拓宽信息渠道，积极联系校友，走访京外就业市场重点在长三角、珠三角地区。	校、院就业指导中心	招就处负责人、学院党委副书记
11—12月	北京市场走访	11—12月具有接收户口资格的北京单位开始申请本年进京户口指标，通过走访重点要多抓住一些北京能解决户口的单位，包括国家和北京市公务员、北京国有大型企事业单位、外资企业。	校、院就业指导中心	招就处负责人、学院党委副书记
12月	联络感情促进交流	元旦前夕以寄送贺卡的形式，与用人单位建立深厚感情，并寄送毕业生信息材料，交流就业需求。	校、院就业指导中心	招就处负责人、学院党委副书记

第二章　就业实践基地建设与就业实践活动开展标准

就业实践是大学生培养过程的重要环节，是将大学教育延伸到社会的重要手段，是大学生适应社会的重要途径。因此，做好大学生就业实习实践工作，是就业工作的重要工作内容之一。按照一定的标准来实施，保证该项工作落实到位、取得实效，从而提升毕业生的就业竞争力。

第一节　就业实践基地的建立及维护

第一条　就业实践基地的筛选和签约。学校和学院每年筛选一批信誉好、在行业有影响力的用人单位作为签约单位开展就业实践活动。就业实践单位的选择要有明显的示范性、针对性和带动作用，并且原则上与学生专业要相关。在签订协议之前，学校或学院要考察基地所能提供实习实践的专业、岗位、环境等基础条件，审核单位资质，经核准后，与实践基地签订协议，协议期为三年，并正式授牌(北京林业大学大学生就业实践与教学实习基地)，并颁发证书。签约仪式有双方负责人参加，可在学校或者基地举行。对于不履行协议或连续两年不提供实习岗位的基地，终止合作协议。

第二条　建立集团化或区域化实践基地群。根据我校的专业特色，在相关省市产业密集的区域，与当地人力资源管理部门签订协议，建立集团化实践基地群，让学生可到该部门或地区所辖的所有企业实习。逐步实现基地建设的集群化、区域化。

第三条　基地建设要注重专业间的协调。由于不同行业的差异，造成不同的专业基地建设存在着较大差异，有的专业的基地数量多，建设规范，有的专业的基地就很少。基地建设的不均衡会使学校整体就业实践活动的开展不均衡，也会给个别专业的学生造成就业的心理压力，甚而会影响该专业毕业生的就业热情。要做到基地建设的协调发展，学院之间、专业之间要统筹协调，密切配合。

第四条　深化与实践基地的合作。在与实践基地签订合作协议后，要注重深化与基地之间的合作，拓展实践岗位，拓宽实践内容，将实习实践延伸到奖学金设立、科研合作、大学生科技创新等校企、校地合作层面，促进可持续发展。

第二节　就业实习实践岗位的提供

第五条　建立就业实习实践岗位信息库。积极与用人单位联系获取就业实习实践岗位信息，尤其是加强与已建立关系的用人单位联系。

第六条　充分利用校园“双选会”和学院专场招聘会，获取就业实习实践的岗位信息。在组织用人单位来校招聘毕业生的同时，向用人单位了解可提供就业实习实践的岗位信息。

第七条　鼓励专业教师利用自己教学和科研合作的资源为学生提供就业实习实践岗位

信息。

第八条　建立校园就业实践岗位信息平台，每周进行就业实践信息的整理编辑，并通过网络、短信、微信、发布会等形式将岗位信息发布给广大学生。

第九条　学院设立“就业实习实践指导热线”，将学院主管就业指导电话设为“就业实习实践指导热线”，通过热线为学生提供咨询服务并指导学生开展就业实习实践。

第十条　组织开展就业实习实践经验交流会，分享就业实习实践经验和有关岗位信息。

第三节　实习实践活动的组织与管理

第十一条　实习实践条件的审核。在获取签约基地提供的就业实习实践岗位信息后，学校或学院要根据协议核实实习条件，条件合格的，方可组织学生申请实习岗位。

第十二条　学生的组织。学校、学院根据实习实践单位提供的岗位信息，组织学生报名参与实践活动，经学院和实践单位共同审核符合条件的学生到实践基地实习。

第十三条　实习实践协议是指学校、实习学生与企业通过各方自愿协商的方式签订的协议，以此规范实习实践行为。主要是对实习报酬、安全工作、事故责任、投保等事项做出约定。特别是对实习生在实习期间发生伤亡事故承担责任的问题进行明确约定，以便进行有效处置。在目前法律对实习生的劳动保护方面存在不完备的情况下，签订的协议应明确双方权利义务，一旦发生实习违约情况，可以依据协议协商甚至提起民事诉讼。经学院、基地和学生三方同意，签订学生实习协议和安全协议后，学生方可前往基地开展实习实践活动。

第十四条　加强对实习生实习实践期间的教育管理。落实基地和学校的实习实践指导老师，开展对学生实习实践的安全培训和技能指导。

第十五条　学生实习实践活动的考核。学院和基地组成学生实习实践活动考核小组，对学生在实习实践期间的表现进行综合考核，考核合格后，基地可为学生开具相应的实习实践证明材料。

第十六条　实习实践活动的总结表彰。学校和学院每年进行就业实习实践活动的总结，评选就业实习实践先进个人和优秀基地，并进行表彰。

第四节　实习实践学生的安全及权益保障

第十七条　学校和实习实践单位要为学生实习实践提供权益保障。实习实践的组织管理涉及学校、学生、实习实践单位，作为学校要按照教育部的有关实习规定要求，制定全面完整的实习实践计划，要与实习实践单位协商沟通，保障实习生安全和合法权益。

第十八条　慎重选择实习实践单位。学校、学院在安排实习实践单位前，一定要亲自去单位现场察看，根据岗位要求挑选实习生。签订实习实践协议前一定要做到三看：一看身份资质。看是否具有法人资格，是否有正规营业执照，是否有固定营业场所。如果是大公司的下属机构，一定要到该公司总部核实清楚。二看环境条件。察看实习工作、生活环境条件，具体岗位环境，看有无实习安全隐患。三看劳动保障。了解实习待遇、意外保险、工伤保险、作息时间、劳动强度等情况。

第十九条　增强学生实习期间权益保护意识。要组织实习生学习了解《劳动法》、《劳动合同法》、《工伤保险条例》、《劳动保护条例》等相关法律法规。发现实习单位损害自身利益时，用法律武器维护自身权益。同时，要注意收集有关证据，以防发生纠纷没有证据支持自己权利主张。教育学生在参加实习时,尽可能去学校、学院统一安排的实习单位,个人不经学院组织自行选择实习单位进行实习的,学院要和学生及家长签订相应的免责协议。

第二十条 加强学生的安全教育。在学生实习前要进行岗前培训,对专业技能性强、操作危险性较大的机械、电气类、野外作业实习岗位,要加强学生的安全意识和操作规程预练,避免意外事故发生。要严格按照实习协议书的内容加强对实习学生的管理,要求学生遵守劳动纪律、安全操作规范、职业道德,对表现不好、有违纪的学生要采取必要措施予以教育批评,严重的要提前终止实习,并按有关规定予以处理。

(执笔:李成茂 唐殿科 陈余珍)

附录

就业实习实践基地建设与活动开展时间表

时间	对象	内容	措施	执行人	考核人
9月份(1~2周)	大四毕业生	充分动员毕业班同学进行就业实践工作。	(1)召开毕业生班级就业动员会,全面掌握就业学生基本信息和就业意向;进行简历制作、面试技巧培训;动员毕业生毕业前参加就业实践。 (2)各毕业班召开就业动员主题班会。 (3)收集、指导学生制作简历。	学院就业服务中心	学院党委副书记、校就业服务中心
9月份(3~4周)	全体学生	收集学生暑期就业实践信息。	(1)收集上学期及暑假期间参加就业实践的同学的《就业实践测评表》和就业实践总结报告。 (2)对《就业实践测评表》进行统计分析,统计就业实践单位信息以及对学生表现的反馈情况。	学院就业服务中心	学院党委副书记、校就业服务中心
10月份(1~2周)	企业单位、就业实践基地	积极联系各招聘单位,整合招聘信息。	(1)与就业实践基地、合作关系的企业单位联系,提供与学院专业相关的实践岗位。 (2)开辟就业市场,建立新的就业实践基地和合作关系。 (3)发布招聘信息。	学院就业服务中心	校就业服务中心
10月份(3~4周)	全体学生	总结表彰暑期就业实践工作,表彰并宣传优秀个人。	(1)撰写暑期就业实践工作总结,与往年暑期就业时间工作做对比,找出工作的不足之处和提炼本年度工作的优秀经验。 (2)对表现优秀的个人、优秀就业实践论文进行表彰,并且将个人优秀经历撰写成"工作日记",在学校的就业网站中进行宣传。	学院就业服务中心	学院党委副书记

续表

时间	对象	内容	措施	执行人	考核人
11月份	大四毕业生	举办校园各类招聘,提供专业老师指导服务。	(1)举办校园"双选会"、专场招聘会,动员毕业班学生积极参加。 (2)在学校就业网站发布就业信息。 (3)学院设立"就业服务指导热线",由专业老师指导学生选择与专业相关、自己感兴趣的岗位。	校就业服务中心、学院就业服务中心	招生就业处处长、学院党委副书记
12月份	大四毕业生	对毕业生进行岗前培训,提高学生就业时间权益保障意识。	(1)对参加就业实践的毕业生进行相应的岗前培训,包括人际交往、礼仪等。 (2)强调在实践过程中要注意安全,并签署《安全责任书》。 (3)给学生购买保险。 (4)指导学生处理好就业实践与学业的关系。	学院就业服务中心	学院党委副书记、校就业服务中心
2月份	参与实践的学生	跟踪参加就业实践的学生,多方位反馈就业实践相关信息。	(1)及时与参加实践的学生进行联系,了解学生的工作动态,把握学生的思想状况,随时为学生答疑解惑,提供合理的意见和建议,关心和保护学生的利益。 (2)与单位保持联络和沟通,听取单位的意见反馈,及时分析和总结,做好服务。	学院就业服务中心	学院党委副书记、校就业服务中心
2月份	企业单位、就业实践基地	积极联系招聘单位,与单位建立良好的合作关系。	(1)与就业实践基地、合作关系的企业单位联系,提供与学院专业相关的实践岗位。 (2)开辟就业市场,建立新的就业实践基地和合作关系。 (3)发布招聘信息。	校就业服务中心、学院就业服务中心	招生就业处处长、学院党委副书记
3月份(1～2周)	参与实践的学生、企业单位	收集同学的就业实践总结,统计分析《就业实践测评表》。	(1)收集参加就业实践的同学的《就业实践测评表》和就业实践总结报告。 (2)对《就业实践测评表》进行统计分析,统计就业实践单位信息以及对学生表现的反馈情况。	学院就业服务中心	学院党委副书记、校就业服务中心
3月份(3～4周)	大四、研三毕业生	举办校园各类招聘,提供专业老师指导服务。	(1)举办校园"双选会"、专场招聘会,动员毕业班学生积极参加。 (2)在学校就业网站发布就业信息。 (3)学院设立"就业服务指导热线",由专业老师指导学生选择与专业相关、自己感兴趣的岗位。	校就业服务中心、学院就业服务中心	招生就业处处长、学院党委副书记

续表

时间	对象	内容	措施	执行人	考核人
4月份	大四、研三毕业生	对毕业生进行岗前培训，提高学生就业实践权益保障意识。	(1)对参加就业实践的毕业生进行相应的岗前培训，包括人际交往、礼仪等。 (2)强调在实践过程中要注意安全，并签署《安全责任书》。 (3)给学生购买保险。 (4)指导学生处理好就业实践与学业的关系。	学院就业服务中心	学院党委副书记、校就业服务中心
5月份 (1～2周)	全体学生	组织同学之间进行经验交流，举办就业相关讲座。	(1)发现就业实践中表现优秀、具有典型代表的学生，召开经验交流会，给低年级同学介绍经验。 (2)邀请企业、单位的相关人士与学生座谈，强调就业实践的重要性和必要性。	学院就业服务中心	学院党委副书记、校就业服务中心
5月份 (3～4周)	企业单位、就业实践基地	积极联系招聘单位，与单位建立良好的合作关系。	(1)与就业实践基地、合作关系的企业单位联系，提供与学院专业相关的实践岗位。 (2)开辟就业市场，建立新的就业实践基地和合作关系。 (3)发布实习招聘信息。	校就业服务中心、学院就业服务中心	招生就业处处长、学院党委副书记
6月份 (1～2周)	低年级学生	举办校园各类招聘，提供专业老师指导服务。	(1)举办就业见习双选会，动员低年级学生积极参加，寻求实习岗位。 (2)在学校就业网站发布就业信息。 (3)学院设立"就业服务指导热线"，由专业老师指导学生参与就业实习实践活动。	校就业服务中心、学院就业服务中心。	招生就业处处长、学院党委副书记
6月份 (3～4周)	参加就业见习的学生	对毕业生进行岗前培训，提高学生就业实践权益保障意识。	(1)对参加就业实践的毕业生进行相应的岗前培训，包括人际交往、礼仪等。 (2)强调在实践过程中要注意安全，并签署《安全责任书》。 (3)给学生购买保险。 (4)指导学生处理好就业实践与学业的关系。	校就业服务中心、学院就业服务中心	招生就业处处长、学院党委副书记
7月份	参加就业见习的学生	跟踪参加就业实践的学生，多方位反馈就业实践相关信息。	(1)及时与参加实践的学生进行联系，了解学生的工作动态，把握学生的思想状况，随时为学生答疑解惑，提供合理的意见和建议，关心和保护学生的利益。 (2)与单位保持联络和沟通，听取单位的意见反馈，及时分析和总结，做好服务。	校就业服务中心、学院就业服务中心	招生就业处处长、学院党委副书记

第三章　校园招聘会组织及招聘服务标准

为更好地搭建毕业生就业平台，提供更多的就业机会，促进我校毕业生择好业、就好业，充分利用校院两级就业资源，进一步规范和推进校园招聘会组织和招聘服务标准化建设，特制定本标准。

第一节　校园招聘会

第一条　综合大型双选会。按招聘需求，分为就业双选会和实习实践双选会。由校就业服务中心牵头，各学院协助完成，是我校各类招聘会中的重要部分。就业双选会具有参会企业众多、招聘范围广泛、提供岗位充足等特点。实习实践双选会，是针对有暑期就业实习意愿的在校学生举办的综合类招聘会。

第二条　专场双选会。由校就业服务中心或各学院牵头，通过联系行业协会、地方人保局，将某一类行业内相关企业聚集在一起举行的小型双选会，具有行业特色鲜明、专业对口性强、单个专业需求量大、地域集中等特点。

第三条　企业专场宣讲会。由校就业服务中心或各学院分别举办，吸引各类别企事业单位来我校开展校园专场招聘活动(包含实习实践宣讲会)。具有单位知名度高、交流互动性强、招聘氛围热烈、双选进程快捷等特点。

第二节　校园招聘会的信息发布与参会企业遴选

第四条　综合大型双选会。每年上、下学期各举办两场就业双选会，6月举办实习实践双选会，具体日期确定后，一般提前4周进行宣传通知。一是充分利用网络媒体资源，通过学校主页专题、知名社会招聘网站(前程无忧、智联招聘、中华英才等)、行业协会网站、国家林业局网站等渠道进行宣传；二是通过不断完善的校院重点企业信息库，利用邮件、电话等形式，邀请关系企业定期参会；三是深挖资源，通过校友、教职工等多方面的资源，重点邀请在业内有一定知名度的企业参会。

专场双选会。每年不定期举办。一般经我校和行业协会、地方人保部门协商确定好时间、地点和规模，由行业协会、地方人保部门组织企业参会。招聘会的信息会通过学校主页、海报、社交平台等通知方式告知有关同学。

专场宣讲会。每年不定期举办。校、院两级就业服务中心全学年期间都可以进行专场宣讲会的预约，并主动邀请重点知名企业来我校召开宣讲会。专场宣讲招聘会的信息会通过学校主页及手机短信、微信等方式告知有关学生。

第五条　校园招聘会的企业遴选。针对综合大型双选会，主要依据企业规模、社会知名度、招聘岗位与我校专业相关程度、往年招收我校毕业生情况、招聘会规模和展位数量等情况筛选。企业全部通过毕业生就业信息网进行报名。学校从报名企业中择优选取固定数量(视招聘会规模确定)的企业,通过就业信息系统整理出席人数、姓名、职务、招聘专业、人数、职位等信息,并以邮件形式提前通知用人单位参会时间、自行准备材料及会场提供服务等情况。对审核未通过的企业,以电话和电子邮件的形式回复,沟通以后发布招聘信息等其他形式进行招聘。

针对专场双选会,主要是由行业协会、地方人保部门提供建议参会企业名单,根据我校专业特点最终确定参会企业。

针对专场宣讲会,主要依据企业规模、社会知名度及发展前景、招聘岗位与我校专业相关程度、提供岗位数量、往年招收我校毕业生情况、各专业毕业生就业情况等进行筛选。与企业确定好到校宣讲时间地点之后,尽快确定企业到校宣讲的人员、职务、姓名和招聘需求,以及是否需要多媒体、面试教室等信息。

第三节　校园招聘会的组织服务

第六条　校园招聘会的场地及硬件设施情况(略)。

第七条　校园招聘会的会务组织及现场服务:综合大型双选会,规模为170家左右企业,地点在田家炳体育馆;专场双选会,规模为20家企业,地点以学研大厦大厅为主,图书馆或主楼二层平台为辅。

第八条　双选会展位安排:一是将大型企业、重点企业等安排在场地中心位置;二是将招聘相同、相近专业的企业安排在一起方便学生投递简历和企业之间交流。双选会上午进行展位搭建。双选会当天设置企业签到处,发放学校、毕业生相关宣传材料,并由专人引领入场。为企业和同学们提供细致贴心服务,准备矿泉水、胶条、纸笔、车证等,同时为应聘学生提供就业政策咨询服务。

第九条　参会同学需凭统一印制的双选会门票和学生证参加招聘会。由保卫处和校就业服务中心负责秩序的维持,引导学生分批入场,严格控制学生入场数量,维持场内场外秩序。

第十条　企业接待方面,一方面双选会现场根据参会企业到场招聘人员职务级别,邀请校、院两级领导到会拜访。对具有学校特色专业行业招聘的相关企业,邀请校级相关负责领导拜访,具有学院特色的重点企业,由学院就业服务人员邀请院长、书记及主管学生工作的副书记现场拜访;另一方面针对性地邀请重点企业,在会后进行进一步座谈。

第十一条　建立参会企业回访机制,邀请企业填写《参会反馈表》(附录),充分了解企业对我校毕业生质量评价、服务工作的意见与建议;通过组织校企恳谈会,邀请企业招聘人员与学院专业教师和就业人员进行专题座谈,加强校企合作,增进感情交流;通过电话回访了解企业简历收取情况以及招聘进展,协助企业进行笔试、面试通知,提供贴心服务。

第十二条　企业专场宣讲会,地点在教学楼或报告厅、会议室。一是会前准备,落实宣讲地点及相关设备,如报告厅、多媒体、话筒、企业宣传海报横幅、面试室等;二是积极动员学生参与宣讲会,调动辅导员、班主任、班级就业联系人等多方动员,通过新媒体平台推送、海报张贴、宣传材料发放等方式营造氛围;三是根据企业出席人员级别,邀请学院对等领导、教授等进行校企恳谈,接待企业。在宣讲会当天,就业工作人员及助理团成员提前半小时到场,协助企业进行现场布置和引导学生入场。会后及时总结,并与企业深入沟通,进行回访。

第十三条　高度重视招聘会的安全工作,制定《北京林业大学校园综合大型双选会安全预案》(见附录)。

(执笔:张健　王东亮　杨丹　黄晨　李志珑　姜玉丹)

附录一

北京林业大学校园综合大型双选会安全预案

为了保障用人单位和参会师生员工安全，有序地举办毕业生就业双选会和实习实践双选会，防范安全事故发生，切实有效地降低和控制安全事故的危害，依照上级有关要求及有关法律法规，从我校实际出发，特制定本预案。

一、总指挥

主管校园安全、主管就业工作校领导

二、安全事故抢险救灾组织机构

安全总协调人：保卫处处长，招生就业处处长

在主席台设临时指挥部

应急情况处理现场指挥者：就业服务中心主任

现场秩序维护人员：就业服务中心有关负责人

保安值班负责人：保卫处有关负责人

防火负责人：保卫处有关负责人

应急医务负责人：校医院有关负责人

协管人员：各学院负责人、就业服务中心学生助理团

三、安全事故抢险救灾应急预案

（一）突发事件

1.在馆内安排保安人员4名、助理团干事4名（服装统一、佩戴工作牌）在馆内来回巡视。若在场内发现有蓄意滋事的人员，助理团干事应配合保安立即主动上前，及时制止，将滋事者带离会场，妥善处理，保障洽谈会的顺利进行。

负责人：就业服务中心负责人

值班保安人员：由保卫处协调安排

学生入口负责老师：就业服务中心有关人员

学生出口（单位入口）负责老师：就业服务中心有关人员

2.为避免洽谈会出现混乱、拥挤等状况，每个通道处安排一名助理团人员驻守，一旦出现情况，助理团负责人员应迅速上前，配合老师和保安人员疏导人群。

3.上述4名干事还应随时与入口处保安人员取得联系，控制场内人员的数量，当场内人数达到800人左右时，停止外面人员的进入，根据实际情况随时调整。此外，出口处的2名保安人员应禁止外面人员从出口处进入。出口处还安排一名干事负责引导出会场的同学去其他分会场。

负责老师：就业服务中心有关负责人员

值班保安人员：由保卫处协调安排

（二）火灾事故

1.防火工作是重中之重。田家炳体育馆在入口、出口处共设有4个灭火装置，根据需要保卫处应在服务区再提供2个备用灭火装置。负责人员应提前两天对所有灭火器材进行全面检查，对不能用的灭火器材及时更换，确保灭火装置得以正常使用；在洽谈会前天晚上，对消防装置再次进行复查，同时检查所有安全通道，确保其畅通无阻。

2.负责场地音响设备，保证办会期间的正常使用。备用一套电池电源音响，防止断电时影响工作。

3.处置火灾事故的组织

负责老师：保卫处有关工作人员，就业中心有关人员

负责机构：保卫处、就业服务中心

所需工作人员：保安人员2名、干事4名

4.报警程序及相关人员分配

(1) 根据火势如需报警立即就近用电话或手机报告消防中心(电话119)，报告内容为："您好，我是……，……发生火灾，请速来扑救"，待对方放下电话后再挂机。

(2) 在向学校领导汇报的同时，派出人员到主要路口等待引导消防车辆。

负责人：现场总指挥

5.组织实施

(1)火灾发生时，迅速通过场地音响稳定现场情绪，组织场内人员从安全出口有序撤离，防止出现混乱局面。同时要求全体人员不要慌张、听从指挥。

(2)出口、入口处的保安人员应及时疏通门口人流，避免在门口发生堵塞、围观等现象。

负责人：就业中心有关人员

(3) 参加人员：在消防车到来之前，以校区内消防安全员和教师成员为主，其余人员(大学生和用人单位除外)均有义务参加扑救。

(4) 消防车到来之后，校内人员配合消防专业人员扑救或做好辅助工作。

(5) 使用器具：灭火器、水桶等。

(6) 学校现场负责人要迅速组织人员逃生，原则是"先救人，后救物"。

(7) 无关人员要远离火场和校区内的固定消防栓，以便于消防车辆驶入。

6.扑救方法：可使用各类灭火器具。

7.注意事项

(1) 火灾事故首要的一条是保护人员安全，扑救要在确保人员不受伤害的前提下进行。

(2) 火灾第一发现人应查明原因，如是电源引起，应立即切断电源。

(3) 火灾后应掌握的原则是边救火，边报警。

(三)医疗救护

在上述意外事件中若出现伤病情况时，将安排助理团1名干事及时与在服务区处理紧急状况的医务人员取得联系，并协助医务人员将伤病者送至安全区。

负责老师：就业中心人员

负责机构：校医院

(四)安全教育

1.定期对有关人员进行安全和防火教育，每年在招聘会之前进行一次安全、防火的培训或演练。

2.各院在召开大四各班班长会时，对安全问题予以重点强调，如遇突发事件不要慌张，听从场内工作人员统一指挥。同时传达学校有关精神对蓄意滋事者，学校将予以严肃处理。

附录二

北京林业大学20____—20____年度校园专场招聘会登记表

招聘会时间		地点		参会人数	
单位名称				单位地区	
单位地址				邮编	
联系人		联系电话			
来宾姓名	职位/部门	联系方式			
招聘职位	人数	要求			
对毕业生的总体评价		好	较好	一般	较差

对毕业生的评价及建议：

对我们服务的总体评价	好	较好	一般	较差

对我们工作的评价及建议：

用人单位签字(盖章)：

备注	

北京林业大学就业服务中心

第四章　基层就业项目工作推进标准

基层就业项目是教育部联合人力资源与社会保障部、科技部、财政部、共青团中央、国家自然科学基金委、部队等多个部门制定实施的促进大学生就业综合工程，旨在拓宽大学生就业途径，鼓励优秀大学生扎根基层，通过在各领域一线单位工作一至三年，锻炼大学生综合实践能力，提升大学生思想政治认识水平，为党、政、军等各部门单位提供后备人才培养与储备。基层就业项目分为七类，分别是“选聘毕业生到村任助理职务”、“选聘大学生任社区居委会助理职务”、“大学生志愿服务西部计划”、“选聘毕业生到农村从事支教、支农、支医和扶贫工作”、“选聘毕业生担任农村义务教育阶段的特设岗位教师”、“预征兵入伍”、“选聘优秀毕业生从事重大科研项目的助理研究”。

第一节　基层就业氛围营造

第一条　注重入学教育，认知基层就业。分专业邀请学科负责人、就业辅导员开展专业认知教育，引导新生及时适应大学学习环境，了解近年求职就业形势、国家基层就业项目种类、国家促进基层就业的政策。

第二条　做好政策解读，了解基层就业。面向大三年级或研二，结合《大学生职业发展与规划》和《就业指导》课程，做好七类基层就业项目的政策解读工作（如报名时间、对象、特殊要求等）。

第三条　多种宣传渠道，覆盖毕业生群体。通过户外宣传、宿舍走访、网站新闻、网络社区、短信、邮件等方式，及时告知毕业生各类项目的最新招募公告。

第四条　丰富课余活动，提高思想认识。做好低年级参与社会实践的动员组织工作，尤其是志愿服务和支教活动，提高学生对基层就业项目的思想认识。

第二节　基层就业毕业生的招募培训

第五条　鼓励实习实践，提高基层就业的服务能力。鼓励学生积极参与各类企事业单位实习、支教、支农、社区服务、大学生科研等项目，积累基层项目工作经验。

第六条　开展专业培训，提升基层岗位技能。邀请职业培训人员，进行岗前礼仪、面试技巧、简历制作等培训，并模拟村镇社区基层服务人员、科研助理人员等基层岗位设置，通过实战演练，帮助提升职场工作技能。

第七条　摸清学生意愿，及时发布相关信息。及时了解各省市各类型基层项目实施方案的发布时间，通过多种方式发布给意愿强烈的同学，避免错过报名时间。

第八条　关注重点对象，开展深度辅导。通过一对一辅导，及时了解重点关注对象最新的思想动态和就业进展，引导其关注基层就业项目。

第三节　基层就业项目的管理与服务

第九条　联络基层单位，实现可持续推荐毕业生。通过与共建单位举办的暑期“红色1+1”、“社会实践”、“科研实践”、“志愿服务”活动，加强学校与基层单位的联络。

第十条　建立服务档案，促进沟通交流。对确定参与从事基层就业项目的学生，建立专门的档案，并向其详细说明国家、地方及学校的相关政策。召开基层就业项目毕业生座谈会，了解学生在选择和报考准备中的心态与需求，听取工作建议，鼓励其踏实工作，发挥基层单位与学校的桥梁作用。

第十一条　做好跟踪服务，加强后续服务。通过到服务地区看望毕业生，关心其思想、生活、工作，对具有实际困难的同学，提供力所能及的帮助和指导。对于承担具体项目的毕业生，给予有针对性的指导服务，支持服务地与学校共建。

第四节　了解最新基层就业项目政策的途径

第十二条　阅读指导手册，详细了解项目种类及注意事项。

第十三条　通过各种新闻媒体了解最新的政策变化，认真学习有关文件。

第十四条　做好实施流程、了解政策途径及相关政策节选的发送。见附录。

备注：部分基层就业项目政策查询网站

中华人民共和国教育部：http://www.moe.edu.cn

教育部全国大学生就业公共服务平台：http://www.ncss.org.cn

大学生志愿服务西部计划：http://xibu.youth.cn

大学生村官网：http://54cunguan.cn

应届生预征兵报名平台：http://zbbm.chsi.cn

北京市人社局毕业生就业网：http://www.bjbys.com

国家公务员考试网：http://www.chinagwy.org

农村特岗教师计划招录服务网 http://tg.ncss.org.cn/

各省有关网站（略）

（执笔：宋吉红）

附录一

每学年基层就业项目实施流程

具体时间	工作对象	具体内容	执行人	监督人
9月上旬	大一新生	新生入学教育	学院就业服务中心	学院党委副书记
9月	大四学生	就“特岗教师计划”、“西部计划之支教志愿者”等做详细的政策解读；摸底调查学生的基层就业意向。	学校就业服务中心、校团委	招生就业处
10月	大四学生	基层就业项目的政策解读	学院就业服务中心	学院党委副书记
	大三、大四学生	发布各地区教师资格考试时间	学院就业服务中心	学院党委副书记
10—11月	全体学生	暑期实习实践成果搜集、总结、表彰、宣传。	校团委、学院就业服务中心	招生就业处
11月	上一届参与基层项目的毕业生	跟踪服务	校、院就业服务中心	招生就业处
	基层单位	基层共建单位走访	学院就业服务中心	招生就业处
	低年级学生	组织支教意愿强烈的学生积极参加家教、支教等实践活动。	学院就业服务中心	校就业服务中心
	大四学生	分班级召开毕业主题班会	学院就业服务中心	学院党委副书记
12月—次年1月	大一、大二、大三学生	就业指导活动月	学校就业服务中心	招生就业处
	全体学生	基层就业典型宣传	学校就业服务中心	招生就业处
3—4月	大四学生	基层就业项目的宣传、动员	学校就业服务中心	招生就业处
		有关基层项目报告会(如村官报告会)	学校就业服务中心	招生就业处
4月	大四学生	组织选拔	校、院就业服务中心	招生就业处
	大一、大二、大三学生	分年级开展职业生涯规划课程、就业指导培训及主题班会	学院就业服务中心	学院党委副书记

续表

具体时间	工作对象	具体内容	执行人	监督人
5月	大一、大二、大三学生	开展大学生科研创新计划的宣传组织工作；做好暑期就业实践校园招聘会。	学院就业服务中心	学院党委副书记
	大四学生	西部计划项目的宣传、组织、政审、推荐工作，召开座谈会，办理派遣手续。	校团委、学院就业服务中心	招生就业处
5—6月	全体学生	就业指导活动	校、院就业服务中心	招生就业处
6月	大一、大二、大三学生	组织参加暑期基层社会实践工作	校团委、学院就业服务中心	招生就业处

附录二

基层就业政策文件

1.关于建立选聘高校毕业生到村任职工作长效机制的意见

2.关于深入推进选聘高校毕业生到农村工作的意见（节选）

3.北京市关于引导和鼓励高校毕业生到农村基层就业创业，实现村村有大学生目标的实施方案

4.北京市关于选拔应届优秀高校毕业生到基层培养锻炼工作的通知（节选）

5.大学生志愿服务西部计划志愿者管理办法（节选）

6.国家鼓励普通高等学校应届毕业生入伍服义务兵役政策五十问

7.高等学校毕业生学费和国家助学贷款代偿暂行办法

关于建立选聘高校毕业生到村任职工作长效机制的意见

组通字[2009]21号

选聘高校毕业生到村任职，是党中央做出的一项重大战略决策，对于改善农村基层干部队伍结构、培养新农村建设骨干力量和党政干部后备人才，推进新形势下农村改革发展，夯实党在农村的执政基础具有重大意义。为贯彻落实党的十七大和十七届三中全会精神，进一步加强和改进选聘高校毕业生到村任职工作，既注重激励保障，又强化竞争择优，确保大学生“村官”下得去、待得住、干得好、流得动，逐步建立一支规模适度、结构合理、素质优良、充满活力的大学生“村官”队伍，现就建立选聘高校毕业生到村任职工作长效机制提出以下意见。

一、建立定期选聘制度

1.合理确定选聘规模和计划。中央计划从2008年到2012年选聘10万名大学生“村官”，

每年根据各省区市的行政村数量分配选聘名额，中央财政予以补助。各省区市和新疆生产建设兵团也可结合本地实际，自行选聘一定数量的大学生“村官”，所需费用由地方财政支付。各地要合理确定选聘大学生“村官”的总体规模和年度计划，稳步有序地推进选聘工作。大学生“村官”聘用期满离任的，或出现其他离岗等情况的，要把缺额纳入下一年度选聘计划。

2.实行定期、统一选聘。选聘高校毕业生到村任职工作一般每年集中开展一次。选聘工作原则上由省区市一级组织、人力资源和社会保障部门、团委统一组织实施或省、市两级组织、人力资源和社会保障部门、团委共同组织实施。选聘名额、选聘办法、选聘条件要提前向社会发布，并进行正面宣传引导，鼓励优秀高校毕业生自愿报名应聘。高等学校要积极配合做好有关工作。

3.严格执行选聘程序和条件。坚持公开、平等、竞争、择优的原则，严格按照中央有关部门确定的选聘条件和发布公告、个人报名、资格审查、考试考察、体检、公示等基本程序，主要选聘具有大学本科以上学历、是中共党员或担任过学生干部的优秀高校毕业生。选聘过程接受社会监督，增强透明度和公信度。选聘对象确定后，县级组织、人力资源和社会保障部门要与其签订聘任合同，合同中要明确双方聘用关系及大学生“村官”为村级组织特设岗位人员、系非公务员身份，细化管理考核、待遇保障、竞争择优、期满去向等方面的条款。

二、建立岗位培训制度

4.制定培训规划。省区市党委组织部要把大学生“村官”纳入整个干部教育培训规划，建立健全大学生“村官”岗位培训制度，制定年度培训计划，并每年至少举办一期示范培训班。市、县两级要组织实施好大学生“村官”培训工作。大学生“村官”任职上岗前，都要安排岗前培训。聘用期间，每年至少安排一次岗位培训，累计时间不少于7天。兼任乡、村团组织职务的，由共青团组织纳入农村团干部培训规划。参加培训情况，要作为大学生“村官”考核、推优的依据。

5.突出培训重点。大学生“村官”教育培训要针对岗位特点，坚持以政治理论和思想道德教育为基础，以党的路线方针政策、涉农法律法规、市场经济知识、农村经营管理知识、农业实用技术、农村基层组织建设以及开展调查研究、做好群众工作、进行自主创业等为重点，以提高做好农村工作、带领群众创业致富本领为目的。培训中要注重讲解“三农”工作的方针政策，介绍新农村建设情况和乡风民俗，传授开展农村工作的经验方法，帮助大学生“村官”尽快进入工作角色，打开工作局面。

6.拓展培训渠道。依托各级党校、行政院校、高等院校、干部学院、干部培训基地、远程教育站点、团校等，大力加强大学生“村官”的系统培训。通过优秀大学生“村官”介绍体会、乡村干部传授经验、组织大学生“村官”实地考察学习等灵活多样的方式，强化大学生“村官”的技能培训。教育、科技、农业、人力资源和社会保障、扶贫等部门要发挥优势，整合资源，积极开展大学生“村官”专项培训。高等院校特别是农业院校，要结合大学生“村官”特点和工作需要，开展继续教育和研究生同等学力教育。

三、建立配套保障制度

7.落实工作生活补贴。中央财政补助资金和地方财政补助资金要按时拨付到位，保证大学生“村官”工作、生活补贴比照本地乡镇新录用公务员试用期满后工资水平及时发放。加强对大学生“村官”补助资金的管理，建立专项资金账户，确保专款专用。

8.落实社会保险。大学生“村官”聘用期间，按照当地对事业单位的规定，参加相应社会保险。其中在建立补充医疗保险制度的地方,应在参加社会医疗保险的基础上,为其办理补充医疗保险。社会保险的单位缴纳部分,由负责发放大学生"村官"工作、生活补贴的部门缴纳,个人缴纳部分由负责发放大学生"村官"工作、生活补贴的部门在个人补贴中代扣代缴,具体手续由县(市、区)负责发放大学生"村官"工作、生活补贴的部门到当地社会保险经办机构办理。其中工伤保险按照《工伤保险条例》的规定,应由用人单位支付的工伤待遇,由负责发放大学生"村官"工作、生活补贴的部门发放。相关费用,纳入财政给予的工作、生活补贴范围。

9.落实学费补偿和助学贷款财政代偿政策。对于到西部地区和艰苦边远地区农村基层的大学生"村官",国家实行学费补偿和国家助学贷款代偿政策。中央部委所属高校毕业的大学生"村官"的学费和国家助学贷款,由中央财政补偿和代偿。地方所属高校毕业的大学生"村官"的学费补偿和助学贷款代偿办法,由选聘地制定。对于被选聘到其他地区农村基层的大学生"村官",鼓励选聘地补偿学费和代偿助学贷款。享受学费补偿和助学贷款代偿政策的大学生"村官",必须在聘期内考核称职。

10.提供工作生活基本条件。各地要结合实际,整合资源,为大学生"村官"提供工作、食宿等基本条件,帮助解决正常开展工作所需的交通、通讯等方面的问题,不断改善大学生"村官"的工作生活条件。有条件的地方,可定期组织对大学生"村官"进行体检。要采取可靠措施,确保大学生"村官"人身安全。

四、建立跟踪培养制度

11.明确岗位职责。担任村党支部(党总支、党委)书记助理和村委会主任助理的大学生"村官",主要协助做好以下工作:宣传贯彻党的路线方针政策及上级党组织有关安排部署;组织实施社会主义新农村建设的有关任务,协助做好本村产业发展规划,领办、创办专业合作组织、经济实体和科技示范园;配合完成社会治安、计划生育、矛盾调解、社会保障、调查统计、办事代理、科技推广等工作;负责整理资料、管理档案、起草文字材料和远程教育终端接收站点的教学组织管理、设备网络维护;参与讨论村务重大事项;参与村团组织的建设和工作。大学生"村官"担任村"两委"成员职务的,按照所担任具体职务确定工作职责。乡镇党委和村"两委"要结合本地实际和大学生"村官"专业特长,明确大学生"村官"的具体职责和工作分工。可根据工作需要,安排大学生"村官"担任村团组织负责人。

12.实行结对帮带。乡镇党委要为每个大学生"村官"确定1名乡镇干部和1名村干部,进行结对联系帮带,面对面进行帮助指导,提高大学生"村官"能力素质,了解掌握思想工作状况,注意做好心理疏导,帮助解决实际困难。县级组织、人力资源和社会保障部门要经常深入调研,走访了解大学生"村官"的工作生活情况,研究解决实际问题。

13.注重实践锻炼。乡村党组织要给大学生"村官"压担子、交任务,帮助确定合适的项目和任务,鼓励大学生"村官"在农村创业,并通过适当政策倾斜和市场机制办法,为他们提供支持,使他们更好地运用所学知识为发展农村经济、改变农村面貌多做工作、多办实事,使他们在具体实践中经受锻炼、干事创业。对大学生"村官"既要严格要求,又要鼓励他们放手工作,大胆创新。县、乡两级组织召开有关会议,可安排优秀大学生"村官"代表列席参加。积极推荐综合素质好、议事能力强的大学生"村官"作为各级党代会代表、人大代表、政协委员和团代会、妇代会代表人选。

14.搭建交流平台。中央有关部门依托互联网和农村党员干部现代远程教育网建立大学生"村官"网络交流平台,加强与大学生"村官"的联系交流。各地可结合实际,依托当地政务网站、报纸、电视、广播设立大学生"村官"信息专栏,建立大学生"村官"网站,创办大学生"村官"工作报刊,为大学生"村官"提供多种交流平台。县、乡党委要定期研究大学生"村官"工作,注重听取大学生"村官"的思想工作汇报和意见建议;设立专用信箱、热线电话,及时收集、受理大学生"村官"反映的问题;共青团、妇联等组织要根据大学生"村官"的特点,组织开展优秀大学生"村官"巡回报告、经验交流等活动,推广宣传干事创业的先进典型和创业经验,为大学生"村官"相互学习交流、共同提高创造条件。

15.强化管理考核。各地要加强对大学生"村官"的管理考核,完善竞争择优机制,形成在实践中比干劲、比奉献、比业绩的鲜明导向,强化大学生"村官"苦干实干、创先争优的意识。大学生"村官"考核工作由县级组织、人力资源和社会保障部门、团委负责,乡镇党委具体组织实施。考核分为年度考核和聘期考核。考核采取个人述职、党员会议测评、村民代表会议测评、村"两委"班子评价等形式进行。考核结果分为优秀、称职、基本称职和不称职四个等次。考核结果报县委组织部备案,作为续聘、奖惩、选拔干部、招录公务员、招聘事业单位工作人员、报考研究生、补偿学费和代偿助学贷款等重要依据。对大学生"村官"要严格管理,加强监督,发现不良苗头问题要及时批评教育,加强正面引导。

五、建立正常流动制度

16.鼓励担任村干部。对表现优秀、党员群众认可、担任村"两委"主要负责人的大学生"村官",要鼓励他们长期在农村基层干部岗位上建功立业。留任村党支部书记和村委会主任的,仍然纳入大学生"村官"名额,可以继续享受大学生"村官"工作、生活补贴。

17.择优选拔乡镇和其他党政机关公务员。各级党政机关要注重从具有基层工作经历的优秀大学生"村官"中招考公务员,并明确录用比例;乡镇机关补充公务员,要逐步提高从大学生"村官"中考录的比例。选调生主要从具有2年以上基层工作经历的大学生"村官"及其他到基层工作的高校毕业生中招考。从大学生"村官"中招考公务员和选调生,要坚持竞争择优、好中选优。报考公务员和选调生的大学生"村官",须在聘期内表现优秀、考核称职,并经县级组织、人力资源和社会保障部门推荐同意。

18.扶持自主创业。鼓励和支持大学生"村官"发挥自身优势和专业特长,立足农村农业实际自主创业,为社会主义新农村建设做出贡献。各地要结合实际,建设和完善一批投资小、见效快的大学生"村官"创业园和创业孵化基地,认真落实高校毕业生创业的各项优惠、扶持政策,重点帮助和支持那些有创业意愿、创业能力、创业优势的大学生"村官",带领群众创业致富。要强化大学生"村官"创业指导服务,积极开展信息咨询、项目开发、创业培训、创业孵化、小额贷款、开业指导、跟踪辅导等工作。各级共青团组织要将大学生"村官"创业纳入促进青年创业就业总体部署。高等院校要积极开展创业教育和实践活动。

19.引导另行择业。对于聘期考核称职,不再留村工作或不参加公务员招考的,要帮助和支持其另行择业,择业前可免费参加一期职业培训;对于素质能力不适应岗位要求、不能正常开展工作的,或年度考核连续两年不称职的,要予以解聘,引导其另行择业。鼓励和引导事业单位、国有企业、非公有制企业等用人单位,优先聘用(招用)具有2年以上农村基层工作经历的大学生"村官"。

20.支持继续学习。鼓励大学生"村官"继续学习深造。聘期工作表现良好、考核合格的,报考硕士研究生可享受初试总分加10分和在同等条件下优先录取的优惠政策。鼓励高等学校结合办学实际,为大学生"村官"攻读研究生学位创造条件。

六、建立齐抓共管制度

21.加强统筹协调。各级党委要加强对大学生"村官"工作的领导和指导，建立由组织、宣传、教育、公安、民政、财政、人力资源和社会保障、农业、林业、扶贫、共青团、妇联等部门参加的联席会议制度，定期召开会议，通报有关情况，研究解决重大问题。工作任务繁重的，可成立专门工作机构，配备工作人员。有关大学生"村官"工作的重要政策、重要事项、重要活动，要集体研究决定，统一组织实施。

22.明确职责分工。各有关部门要根据工作职能和业务范围，共同抓好大学生"村官"工作。组织部门发挥牵头协调作用，其他部门各司其职，密切配合。人力资源和社会保障、教育、财政、公安部门主要负责医疗、养老、工伤保险，报考公务员、研究生，另行择业，人事代理，户籍管理，学费补偿和助学贷款代偿，工作生活补贴等配套保障政策的制定、解释、检查、落实工作；宣传部门主要负责指导协调新闻媒体，采取多种方式广泛宣传大学生"村官"工作，营造良好的社会舆论氛围；民政部门主要负责指导大学生"村官"参与村级事务管理、参加村委会选举等工作；农业、林业、扶贫部门主要负责利用部门资源开展大学生"村官"专项培训，指导大学生"村官"参与现代农业、林业建设和扶贫开发等工作。

23.落实管理责任。大学生"村官"的日常管理工作由组织部、人力资源和社会保障部门、共青团组织负责。中央组织部、人力资源和社会保障部、团中央负责宏观管理，指导各级组织、人力资源和社会保障部门、团组织共同做好大学生"村官"的日常管理工作。省、市两级负责规划协调、组织指导、督促检查等工作。县级组织、人力资源和社会保障部门主要负责建立大学生"村官"档案资料，做好考核工作，落实跟踪培养措施，提出选拔任用意见；团县委主要负责大学生"村官"的联系服务等工作。乡镇党委、团委和村党组织负责具体管理、联系、服务等工作。

2009年4月7日

关于深入推进选聘高校毕业生到农村工作的意见(节选)

京办发[2009]23号

为加快推进首都新农村建设，根据中央组织部等部门《关于印发〈关于建立选聘高校毕业生到村任职工作长效机制的意见〉的通知》(组通字[2009]21号)精神，结合本市实际，现就扎实推进选聘高校毕业生到农村工作提出如下意见。

一、工作目标

1.为促进首都率先形成城乡经济社会发展一体化新格局提供充足的人才支持。按照社会主义新农村建设要求和城乡一体化发展目标，选聘适合农村发展需要的高校毕业生到农村工作，确保每村有两名大学生，实现全市农村8 000名高校毕业生的动态平衡。把到农村工作的高校毕业生培养成社会主义新农村建设和促进城乡一体化的骨干和生力军。

2.为优化党政干部队伍来源提供充足的人才储备。教育和引导到农村工作的高校毕业生在农村基层接受锻炼，使青年人才深切认识国情、市情和民情，将个人理想同社会需要紧密结合，砥砺品格，增长才干，树立正确的世界观、人生观和价值观。加大从基层选拔干部和各类人才的力度，把党政干部培养链深深扎根于基层。

3.为农村基层基础建设提供持续的人才保证。加强政策引导，按照法律法规和有关规章制度要求，适时选拔在农村工作中表现优秀的高校毕业生充实到农村基层政权组织、新经济组织、新社会组织以及教育、科技、文化、卫生和司法等领域的管理服务机构，加强农村基层基础建设。

4.实现“下得去、待得住、干得好、流得动”的目标。建立健全和完善各项保障制度，充分发挥大学生“村官”作用，努力建设一支规模适度、结构合理、素质优良、充满活力的大学生“村官”队伍。

二、进一步建立和完善选聘机制

5.确定选聘计划，定期统一组织。根据大学生“村官”合同期满离任或其他离岗等情况，以社会主义新农村建设的实际需求为重点，准确掌握基层需求信息，合理确定年度选聘计划，每年统一开展选聘，时间一般安排在5月份。选聘工作由全市统一安排部署，各区县与有关高校具体组织实施。

6.完善选聘程序，确保选聘质量。坚持公开、平等、竞争、择优和党员、学生干部优先原则，不断完善选聘程序和方法，把政治素质、专业素质、身体素质和心理素质好，具有较强组织能力、创业意识和奉献精神，有志于社会主义新农村建设的优秀人才选聘到农村工作，逐步提高本科以上学历大学生“村官”比例。

7.加强沟通协调，建立对接机制。区县作为选聘工作主体，要加强与高校联系，建立区县与高校之间的选、送对接机制。高校作为人才培养基地，要根据农村需求创新教育内容和工作机制，增设农村工作课程模块，加大教育培养力度，认真做好宣传动员，积极推荐优秀毕业生担任大学生“村官”，为首都社会主义新农村建设输送适用毕业生。

北京市人力资源与社会保障局

北京市关于引导和鼓励高校毕业生到农村基层就业创业，实现村村有大学生目标的实施方案

京组发[2005]16号

近日，中共北京市委组织部下发了关于印发《关于引导和鼓励高校毕业生到农村基层就业创业实现村村有大学生目标的实施方案》（京组发[2005]16号）的通知，全文如下：

近日，市委、市政府下发《关于引导和鼓励高校毕业生面向基层就业的实施意见》（京办发[2005]32号），明确提出“力争用3～5年的时间，实现每个村、每个社区至少有1名高校毕业生”的目标。为加快社会主义新农村建设，建立引导和鼓励高校毕业生到农村基层就业的良性机制，顺利实现“村村有大学生”的目标，为乡镇和村两级管理人才队伍培养后备力量。现提出如下实施方案：

一、指导思想

通过构建人才培养、选拔、使用、管理四位一体的机制，把引导和鼓励大学生到基层就业与服务首都社会主义新农村建设有机结合起来，落实到制度层面，作为首都引导和鼓励大学生到基层就业的示范工程和首都社会主义新农村建设的人才支持工程，为首都社会主义新农村建设提供留得住、用得上、有作为的青年骨干。

二、工作目标

结合北京实际，采取公开招聘的方式，聘用北京生源的普通高校毕业生以及非北京生源的北京地区普通高校毕业生，担任村党支部书记助理、村委会主任助理职务；3 年之内确保实现“村村有大学生”的工作目标，力争实现每村有 2 名大学生的目标。按照三步走的部署，第一年，选聘 2 000 名左右大学毕业生；第二年，实现“村村有大学生”的目标；第三年，根据目标落实的情况进一步巩固和提高。

三、实施方法和步骤

1. 由市委组织部、市委教育工委、市委农工委、市人事局召开引导和鼓励高校毕业生进村工作部署会。(2005 年 12 月)

2. 由市委农工委、市人事局核准全市行政村的数量，按照一定比例确定各区县招聘应届高校毕业生担任村党支部书记助理、村委会主任助理的初步计划，并与区县沟通后确定正式计划。由市委组织部、市人事局、市委农工委发布全市招聘村党支部书记助理、村委会主任助理的条件资格和计划。(2006 年 1 月)

3. 市委教育工委、各高校面向应届毕业生做好宣传动员及报名工作。(2006 年 2 月)

4. 各区县与高校通过一定的方式共同选拔，确定聘用人员，由乡镇与毕业生签订劳动合同。(2006 年 4—5 月)

5. 市委组织部、市委教育工委、市委农工委、市人事局组织应聘人员进行岗前集中培训，培训结束后安排上岗。(2006 年 7 月)

四、保障措施

1. 被聘任为村党支部书记助理、村委会主任助理的高校本科毕业生，第一年平均每人每月 2 000 元，第二年平均每人每月 2 500 元，第三年平均每人每月 3 000 元。按照地域和学历的不同，可参照此标准适当上下浮动。并按照国家和北京市有关政策，由政府为其缴纳各类社会保险。所需资金由市、区(县)两级财政按照 1∶1 的比例分担。

2. 各区县有关乡镇政府与被聘任为村党支部书记助理、村委会主任助理的高校毕业生签订劳动合同，合同期为 3 年。期满后可根据工作需要和本人意愿续签合同。合同期未满违约的，按劳动合同相关条款处理。

3. 对于招聘为村党支部书记助理、村委会主任助理的北京生源高校毕业生，其档案由所在区县人才服务机构保存，户口可落于生源所在地，也可落于工作区县人才服务机构集体户上；考核不合格或自愿解除协议的，按照有关规定，进入人才市场自主择业。对于招聘为村支部书记助理、主任助理的非北京生源北京高校毕业生，档案、户口由原毕业院校保存；聘用两年连续考核合格者，按接收非北京生源高校毕业生的有关规定与程序上报市人事局批准后，档案、户口转至工作区县人才服务机构集体户；考核不合格或两年内本人申请解除协议的，由原毕业学校为其办理回生源所在地或到京外其他地区就业的有关手续。

4. 被聘任为村党支部书记助理、村委会主任助理的高校毕业生，在职期间已通过北京市国家公务员公共科目笔试的，笔试合格证书有效期可延长至其3年合同期满后的6个月。

5.被聘任为村党支部书记助理、村委会主任助理的高校毕业生，3年合同期满考核合格且具有北京市国家公务员公共科目笔试合格证书的，如用人单位需要，经面试合格，可优先录用为北京市国家公务员，并按公务员管理的有关规定确定相应职务，享受相应职务的工资待遇；进入事业单位的，可按同类人员的标准确定工资待遇；表现优秀的，按照一定的条件和程序，可列为副处级后备干部，为乡镇和基层政权建设培养领导人才。

6.被聘任为村党支部书记助理、村委会主任助理的高校毕业生，在本岗位上连续工作3年合同期满的，可按照本人意愿进入人才市场自主择业；被国家机关、国有企事业单位录用聘用的，在村支部书记助理、主任助理岗位上的工作年限计入工龄。

7.被聘任为村党支部书记助理、村委会主任助理的高校毕业生，工作满2年经考核合格报考研究生的，入学考试总分加10分，并在同等条件下优先录取；3年合同期满并做出突出贡献的，可推荐免试入学。

五、组织管理

1.要切实加强组织领导，市、区县、乡镇分别成立工作机构。全市建立引导和鼓励高校毕业生到农村基层就业工作联席会制度（联席会成员名单附后），并设立联席会办公室，办公室设在市人事局。区县、乡镇应有相应的工作机构。

各有关部门要明确职责，密切配合，指派专人，共同推动招聘高校毕业生担任村党支部书记助理、村委会主任助理工作。市委组织部、市委教育工委、市委农工委、市人事局等单位负责具体的规划、协调和指导工作。

2.各区县负责对受聘村党支部书记助理、村委会主任助理的日常管理；明确其工作职责，由乡镇组织人事部门对其进行考核；要为他们开展工作创造条件，有计划地进行培养，引导和促进他们健康成长，发挥作用。

3.各区县可参照本方案的精神，制定引导和鼓励高校毕业生进社区工作的具体细则。

北京市关于选拔应届优秀高校毕业生到基层培养锻炼工作的通知（节选）

一、选拔范围

列入国家统一招生计划（不含“定向、委培”）的普通高校北京生源、北京地区普通高校非北京生源和京外“985”高校全日制大学本科以上应届优秀毕业生。

二、选拔数量

对各高校推荐且经过考录和选聘进入北京市乡镇、街道、国有企事业等基层单位的应届高校毕业生，每年从中择优选拔300名左右进行跟踪培养。

三、选拔条件

1.思想政治素质好，拥护党的路线方针政策，具有坚定正确的政治方向和全心全意为人民服务的宗旨意识；

2. 事业心和责任感强，志愿到基层工作，勤奋敬业，乐于奉献；

3. 具有较强的组织协调能力和语言文字表达能力，综合素质较好；

4. 专业符合经济社会长远发展需要，学习成绩优秀，基础知识扎实，必修课程无重修或补考，能如期毕业并取得相应的学历、学位证书；

5. 获得校级以上“三好学生”、“优秀学生干部”或者一等以上“优秀学生奖学金”；

6. 本科生一般不超过24周岁，硕士研究生一般不超过27周岁，博士研究生一般不超过30周岁(截止到当年7月1日)；

7. 身心健康，能适应基层工作需要。

特别优秀或因特殊岗位要求的，可适当放宽条件。

四、选拔程序

每年选拔应届优秀高校毕业生到基层培养锻炼工作结合全市公务员考试录用和国有企事业单位招聘组织实施。

(一)制定计划

结合本市年度公务员招录和国有企事业单位招聘计划及时间安排，研究制定选拔应届优秀高校毕业生到基层培养锻炼计划。

(二)宣传动员

选拔计划确定后，市委组织部、市人力资源和社会保障局会同市委教工委、市教委，在北京地区普通高校就选拔应届优秀高校毕业生到基层培养锻炼工作进行宣传动员。同时，面向社会和京外高校北京生源、京外“985”高校应届毕业生发布选拔信息。

(三)组织推荐

市委教工委、市教委组织协调各高校推荐应届优秀高校毕业生报名参加北京市公务员招录和国有企事业等单位招聘。同时协调京外高校，做好北京生源和“985”高校优秀应届毕业生的推荐工作。

(四)上报名单

基层公务员招录和市属国有企事业招聘结束后，新录用人员所在单位，将符合选拔条件的人员名单及学校推荐表上报有关区县局级单位组织(人事)部门或市国资委。区县局级单位组织(人事)部门和市国资委将人员名单及推荐表汇总后，上报市委组织部和市人力资源和社会保障局。

(五)确定名单

市委组织部会同市人力资源和社会保障局结合年度选拔计划和专业结构、知识结构等需求，经过测试等程序确定列入基层培养锻炼人员名单。

五、政策保障

1. 选拔到基层公务员岗位的，按照有关规定确定职务，并享受相应职级待遇。其中，硕士研究生试用期满后核定为副主任科员，博士研究生试用期满后核定为主任科员，职数单列。选拔到国有企事业等其他基层单位的，按照有关规定核定职务及待遇。

2. 对列入基层培养锻炼名单人员加强教育培养，定期开展专题培训，创造实践锻炼机会，促进政治素养和综合能力不断提高。

3. 所在单位对列入基层培养锻炼名单人员进行年度考核，结果报市委组织部和市人力资源和社会保障局。市委组织部会同市人力资源和社会保障局对工作满两年的列入基层培养锻炼名单人员进行全面考核，根据考核情况和日常表现，对不宜继续列入基层培养锻炼名单的，及时进行调整，实行动态管理。

4. 对表现优秀的，根据有关规定优先推荐到市级和区县党政机关或国有企事业单位相关上级部门工作。市级和区县党政机关公务员岗位出现空缺时，要优先从工作满两年的列入基层培养锻炼人员名单的公务员中遴选，遴选程序可适当简化。特别优秀的，根据后备干部资格条件，按照相应程序，列入后备干部名单。同时，鼓励和支持列入基层培养锻炼名单人员参加公开选拔、竞争上岗。

大学生志愿服务西部计划志愿者管理办法（节选）

根据团中央、教育部、财政部和原人事部《关于实施大学生志愿服务西部计划的通知》（中青联发[2003]26 号）和《关于做好 2004 年大学生志愿服务西部计划工作的通知》（中青联发[2004]16 号）精神，为加强大学生志愿服务西部计划（以下简称“西部计划”）志愿者的招募培训、管理服务、就业服务和绩效管理等工作，按照“谁用人、谁受益、谁负责”和“培养与使用并重”的原则，制定本办法。

一、招募培训

第一条　西部计划志愿者的招募工作由全国项目办统一部署，各招募省项目办、高校项目办具体组织实施。

第二条　西部计划志愿者的招募按照以下程序进行：

（一）网上报名。有意愿参加大学生志愿服务西部计划的学生，可向本校西部计划项目办进行咨询或登录西部计划网站（http://xibu.youth.cn/）查看有关情况，登录西部计划信息系统如实填写报名信息。

（二）上交报名表。报名学生在西部计划信息系统下载打印《报名登记表》，交所在院系辅导员或团委负责人签字，并由所在院（系）党组织盖章后交至本校项目办。

（三）资格审核。高校项目办在收到学生的《报名登记表》后，及时对其在网上报名填写信息的真实性等情况进行审核。审核后，在西部计划信息系统中填写审核意见。

（四）笔试面试。高校项目办须对报名学生开展面试，有条件的要组织笔试，内容包括基本素质能力测验、心理健康水平测验、逻辑与语言能力测验、志愿精神考查、语言表达能力考查等，选拔符合岗位要求、笔试面试成绩突出的学生。招募省项目办也可统一组织笔试、面试。

（五）体检。学校位于省会城市的志愿者，由招募省项目办组织统一体检；学校位于非省会城市的志愿者，可按省级项目办要求，由所在地区的地（市）级团委组织统一体检，体检标准参照全国项目办下发的西部计划体检标准。体检工作要求严肃认真，如发现体检不合格者，招募省项目办及时联系相应高校进行调换补录。

（六）公示。体检之后，公布录取志愿者名单并在校园公示 3 天。若无异议，将志愿者名单报招募省项目办。招募省项目办对本省录取的志愿者名单审核后，名单在团省委网站公示 3

天，公示结果报全国项目办，并及时反馈至服务省项目办。

（七）签订招募协议。公示无异议后，入选志愿者与招募省项目办签订招募协议（协议格式和文本由全国项目办统一提供）。协议签订后，全国项目办委托各招募省项目办向志愿者发《确认通知书》。同时，招募省项目办应协调高校项目办建立志愿者后备人选库。

（八）公布名单。全国项目办汇总审定入选志愿者名单，并向社会公布。

第三条　西部计划志愿者的培训工作由全国项目办统一部署，各服务省、服务地、高校项目办共同配合实施。

第四条　西部计划志愿者的培训按照以下程序进行：

（一）在校培训。高校项目办要充分利用毕业生离校前的时间，对入选志愿者开展基层工作方法、志愿服务理念、安全健康、就业创业等基本内容的培训。

（二）集中培训。志愿者携《确认通知书》、毕业证和本人身份证件，到服务地所在省报到并参加由服务省项目办统一组织的培训。期间，出现志愿者因故退出的情况，经服务省与招募省项目办确认，可解除招募协议并进行补招，相关招募省可从后备人选库中优先推荐，不足人员可由服务省就近递补，但相关事项须在集中培训期间完成。

（三）岗前培训。志愿者抵达服务地后，服务县项目办要针对性地组织开展县情县貌、乡风民俗等方面的岗前培训。组织在中小学服务的志愿者参加开学前的岗前教学培训，以及在当地教育部门实习和进行备课、家访等，为开展教育教学服务工作做好准备。

（四）岗中培训。服务期间，服务县项目办要结合实际，适时组织西部计划志愿者进行岗位技能培训，组织开展经常性的志愿服务理念学习和服务工作体会交流，提高大学生志愿者的服务意识和服务水平。

第五条　在西部计划志愿者集中培训期间，服务省项目办按照《中国注册志愿者管理办法》有关规定对志愿者进行注册。

国家鼓励普通高等学校应届毕业生入伍服义务兵役政策五十问

1.国家鼓励高校应届毕业生应征入伍服义务兵役，这里的“高校毕业生”如何界定？

指中央部门和地方所属全日制公办普通高等学校、民办普通高等学校和独立学院的全日制普通本专科（含高职）、研究生、第二学士学位应届毕业生。不包括往届毕业生及成人高等教育、高等教育自学考试类学生、各类非学历教育的学生。征集的高校应届毕业生以男性为主，女性应届毕业生征集根据军队需要确定。

2.公民应征入伍需要满足哪些政治条件？

征兵政治审查的内容包括：应征公民的年龄、户籍、职业、政治面貌、宗教信仰、文化程度、现实表现以及家庭主要成员和主要社会关系成员的政治情况等。征集服现役的公民必须热爱中国共产党，热爱社会主义祖国，热爱人民军队，遵纪守法，品德优良，决心为抵抗侵略、保卫祖国、保卫人民的和平劳动而英勇奋斗，等等。

3.公民应征入伍要满足哪些基本身体条件?

应征入伍的公民要身心健康、体魄强健。其中,有几项基本条件:

身高:男性162 cm以上,女性160 cm以上

体重:男性:不超过标准体重的+20%、-10%

女性:不超过标准体重的±15%

标准体重=(身高-110) kg

个别体格条件较为优秀的应征男青年,体重可放宽至不超过标准体重的25%,不低于标准体重的15%。

视力:陆勤岗位视力标准,大学专科以上文化程度的青年入伍,右眼裸眼视力放宽至4.6,左眼裸眼视力放宽至4.5。

内科:乙型肝炎表面抗原呈阴性,等等。

4.对应征入伍服义务兵役的高校毕业生年龄条件有何要求?

高职(专科)毕业生当年为18~23周岁,本科以上学历的可以放宽到当年24周岁。

5.面向2011届高校毕业生的征兵预征工作何时开始?何时结束?

全国征兵工作在每年冬季进行,从2009年起,对普通高等学校应届高校毕业生实行预征制度。2011年4月12日至7月12日,高校所在地兵役机关会同有关部门进入高校,开展预征工作,到毕业生离校为止。

6.现在确定为预征对象后,什么时候正式入伍?

2010年普通高等学校应届毕业生,离校前应在网上参加预征报名,并在就读学校完成兵役登记和预征对象确定工作,持《应届毕业生预征对象登记表》在冬季征兵开始前到入学前户籍所在地县(市、区)征兵办公室报名应征。年底批准入伍。

7.什么是网上预征报名?

为提高工作效率、加强工作过程管理,自2010年始,全面实施网上预征,所有参加预征的高校毕业生必须上网登记报名。兵役机关不再向高校发放统一印制的《应届毕业生预征对象登记表》和《应征入伍高校毕业生补偿学费代偿国家助学贷款申请表》(以下分别称《登记表》、《申请表》),有报名应征意向的毕业生可登录"大学生网上预征报名系统"填写、打印《登记表》和《申请表》,按要求参加兵役机关组织的各环节活动。

8.实行高校毕业生网上报名对毕业生有哪些好处?

一是毕业生可自行上网报名打印有关表格,简化了办事程序,既方便又省时。二是通过学籍信息比对,确定高校毕业生是否符合享受国家鼓励普通高校应届毕业生入伍服义务兵役政策条件。三是网络系统可提供免费政策解读信息、提醒预征对象及时应征等服务。

9."大学生网上预征报名系统"网址是什么?

http://zbbm.chsi.com.cn 或 http://zbbm.chsi.cn。

10.高校毕业生应征入伍服义务兵役要经过哪些程序?

(1)参加网上预征报名:4—6月份,有应征意向的毕业生登录"大学生网上预征报名系统"报名预征,填写、打印《登记表》和《申请表》,交所在学校预征工作管理部门。

(2)参加初审、初检,通过确认:5—6月份,按照兵役机关的统一安排,预征报名毕业生参加身体初检、政治初审,通过的毕业生被确定为预征对象。6月30日前,高校协助兵役机关,将《登记表》和《申请表》审核盖章发给预征对象并完成网上信息确认。

(3)到户籍所在地报名应征：10月底全国征兵工作开始后，预征对象携带《登记表》和《申请表》，到入学前户籍所在地县(市、区)征兵办公室报名应征。通过体检政审的高校毕业生由县级兵役机关批准入伍。

11. 高校毕业生预征工作在高校由哪个部门牵头负责？

由学生管理部门或武装部门牵头。有意向参军入伍的高校毕业生可向所在学校学工部(处)、就业中心、武装部咨询。

12. 高校毕业生预征的政审工作由哪个部门负责？

征兵政审工作由各级人民政府征兵办公室统一安排，由同级公安机关具体负责，有关单位予以协助。

13. 高校毕业生应征入伍服义务兵役享受哪些优惠政策？

高校毕业生应征入伍服义务兵役，除享有优先报名应征、优先体检政审、优先审批定兵外，还享受优先选拔使用、考学升学优惠、补偿学费或代偿国家助学贷款、就业安置帮扶等优惠政策。

14. 如何理解高校毕业生应征"优先"政策？

征兵报名前，县级兵役机关通知预征对象报名时间、地点、注意事项等。高校毕业生本人持《登记表》到户籍所在地县级兵役机关报名应征。

高校毕业生预征对象体检由县级征兵办公室统一组织，同级卫生部门具体负责。征兵前，县级兵役机关要通知预征对象体检时间、地点、注意事项，安排其上站体检。

组织高校毕业生政审时，严格按照《征兵政治审查工作规定》进行。《应征公民政治审查表》中的"就读学校鉴定意见"栏的鉴定意见以《登记表》意见为准，不再填写鉴定意见。入伍前，《登记表》作为政审表的附件装入新兵档案。

县级兵役机关召开定兵会议审批定兵时，优先批准体检、政审合格的高校应届毕业生预征对象入伍。

15. 如何理解对应征入伍的高校毕业生"优先选拔使用"？

对符合选取士官条件的士兵，同等条件下具有全日制大专毕业生以上学历的优先选取；相同专业岗位的士兵，在任职能力相当的情况下，优先选取高学历士兵。

对通过全国普通高等学校招生统一考试并经省(自治区、直辖市)招生办公室本科第一批、第二批统一录取且取得全日制本科学历和学士学位的毕业生士兵，以及通过全国普通高等学校、研究生培养单位研究生招生统一考试，取得全日制研究生学历和硕士学位的毕业生士兵，表现优秀的可选拔为提干对象；对国家"211工程"等重点高校、军队建设急需的国家级和省部级重点建设学科毕业生士兵，同等条件下优先选拔。

被军区级以上单位树为重大典型，表彰为英雄人物的，以及驻国家三类以上艰苦边远地区和驻特类、一类岛屿艰苦地区部队的少数民族大学毕业生士兵选拔对象，年龄可放宽1岁。

选拔对象的基本条件是：政治立场坚定，军事素质过硬，文化基础扎实，志愿献身国防事业；中国共产党党员或优秀共青团员；入伍1年半以上，一般应在推荐的旅、团级单位工作满1年；担负正(副)班长、技术骨干，发展潜力较大；现实表现好，被评为优秀士兵或被旅、团级以上单位评选为先进个人；大学本科毕业的，年龄不超过26周岁(截至当年6月30日，下同)，硕士研究生毕业的，年龄不超过29周岁；身心健康，符合军队院校招收学员体格检查标准。

符合上述条件，获得二等功、军队科技进步三等奖以上奖励的，或者被军区级以上单位树为重大典型,表彰为英雄人物的,以及驻国家三类以上艰苦边远地区和驻特类、一类岛屿艰苦地区部队的少数民族大学毕业生士兵选拔对象,年龄可放宽1岁。

16.应征入伍服义务兵役给予学费补偿和助学贷款代偿的内容是什么?

从2009年起,国家对应征入伍服义务兵役的高校应届毕业生在校期间缴纳的学费实行补偿。在校期间获得国家助学贷款的,学费补偿款首先用于偿还助学贷款本金及其全部偿还之前产生的利息。

17.学费补偿和助学贷款代偿的标准是多少?

国家对服义务兵役的高校毕业生每学年补偿学费或代偿国家助学贷款本息的金额,最高为6 000元;毕业生在校期间每学年实际缴纳的学费或获得的国家助学贷款本息高于6 000元的,按照每年6 000元的金额实行补偿或者代偿;高校毕业生在校学习期间每年实际缴纳的学费或获得的国家助学贷款本息低于6 000元的,按照学费和国家助学贷款本息两者就高的原则,实行补偿或代偿。

18.高校毕业生应征入伍都可以享受学费补偿或助学贷款代偿政策吗?

在校期间已享受免除全部学费政策的学生、定向生、委培生、国防生、按部队生长干部条件招收的大学毕业生,以及从高校毕业生中直招的士官,均不享受学费补偿和助学贷款代偿政策。

19.实行学费补偿和助学贷款代偿的年限如何计算?

对本科、专科(高职)、研究生和第二学士学位毕业生补偿学费或代偿国家助学贷款本息的年限,不论服役时间长短,分别按照国家规定的相应学制计算一次性给予补偿。在校学习时间低于相应学制规定年限的,按照实际学习时间计算。在校学习时间高于相应学制规定年限的,按照学制规定年限计算。专升本、本硕连读、中职高职连读、第二学士学位毕业生补偿学费或代偿国家助学贷款本息的年限,分别按照完成本科、硕士、高职和第二学士学位阶段学习任务的实际时间计算(即按完成最终学历阶段学习任务的实际时间计算)。

20.申请学费补偿或助学贷款代偿的程序是什么?

(1)填写有关表格:预征工作开始后至6月15日前,有应征意向的普通高校应届毕业生登录"大学生网上预征报名系统"(http://zbbm.chsi.com.cn或http://zbbm.chsi.cn),填写、打印并向就读高校递交《登记表》、《申请表》。在校学习期间获得国家助学贷款的,还需提供与经办银行签订的还款计划书复印件。其中,应注明已申请国家助学贷款代偿。

(2)高校初审盖章:离校前,高校对被确定为预征对象的毕业生补偿学费和代偿国家助学贷款本息的条件资格、具体金额及相关信息资料进行初审,确认无误后,在《申请表》上加盖公章,连同《登记表》一起交给学生本人。

(3)表格递交县征兵办:10月31日前,高校毕业生到入学前户籍所在地报名应征时将《登记表》及《申请表》交县(市、区)人民政府征兵办公室。

(4)县征兵办审批入伍、复核材料并盖章:12月31日前,县(市、区)人民政府征兵办公室批准高校毕业生应征入伍后,向其发放《应征入伍通知书》,并会同同级教育行政部门对应征入伍的高校毕业生申请补偿学费和代偿国家助学贷款本息等情况进行复核。确认无误后,分别在《申请表》上加盖公章。

(5)学生资助中心审核并确定最终名单:次年1月15日前,县(市、区)教育行政部门将户籍为本县(市、区)的入伍高校毕业生的《应征入伍通知书》复印件及《申请表》原件,寄送至应征入伍毕业生原就读高校学生资助管理机构。各高校按隶属关系，分别报各省(区、市)学生资助管理中心和全国学生资助管理中心审核。最终，汇总至全国学生资助管理中心复核、备案后，确定当年享受补偿学费和代偿国家助学贷款本息政策的最终名单及具体金额。

21. 补偿、代偿的经费如何发放到符合条件的毕业生手中？

各中央部门高校和地方高校在收到补偿学费和代偿国家助学贷款本息资金的15个工作日内，向毕业生补偿学费；对于申请助学贷款代偿的毕业生，由学校代替毕业生按照还款协议，向银行偿还其在本校办理的国家助学贷款本息，并将银行开具的偿还国家助学贷款本息凭据交寄毕业生本人或其家长。将剩余资金汇至高校毕业生指定的地址或账户。

入学前在户籍所在县(市、区)办理了生源地信用助学贷款的应征入伍毕业生，在收到代偿资金后1个月内，根据与银行签订的还款协议，由学生本人或家长(或其他法定监护人)一次性向银行偿还生源地信用助学贷款本息。

22. 因个人原因被部队退回，毕业生已获补偿、代偿的经费要被收回吗？

高校毕业生因本人思想原因、故意隐瞒病史或违法犯罪等被部队退回的，取消其补偿学费和代偿国家助学贷款的资格。已获补偿或代偿资金由毕业生户籍所在地县(市、区)教育行政部门会同同级征兵办公室收回，并逐级汇总上缴至全国学生资助管理中心。

23. 高校应届毕业生入伍服义务兵役年限是多少？

我国现行的义务兵役制度是两年。

24. 具有高等教育学历的士兵退役后，享受哪些就学优惠政策？

(1)参加政法院校为基层公检法定向岗位招生时，同等条件下优先录取；

(2)退役后3年内参加全国硕士研究生招生统一入学考试，初试总分加10分；

(3)立二等功及以上的，退役后免试(指初试)攻读硕士研究生；

(4)具有高职(高专)学历的，退役后免试入读成人本科；或经过一定考核(计划单列、专升本考试、单独录取)，30%比例入读普通本科。

25. 具有高职(高专)学历的毕业生退役后免试入读成人本科，是军队给安排还是需要自己联系？

具有普通高职(高专)学历的毕业生退役后，可自行在户口或工作所在地报名参加全国成人高校专升本招生，经相应成人高校审核后录取。

26. 具有高职(高专)学历的毕业生退役后免试入读成人本科，何时报名，何时入学？

每年春节前报名，3月1日前完成录取工作，新生于当年春季入学。

27. 报名参加全国成人高考专升本招生需要带哪些材料？

退役毕业生可凭身份证、普通高职(高专)毕业证、士兵退役证，在户口或工作所在地省级成招办指定的地点报名，并按照省级成招办公布的招生院校及专业目录填报志愿。

28. 报名参加全国成人高考专升本招生，如何实现免试录取？

退役的高职(高专)毕业生报名后不参加全国统一考试。报名结束后，有关成人高校对报名人员提交的有关材料进行审核，确定录取名单，经省级成招办办理相关手续后发放录取通知书。报名人数超出计划数的，成人高校对报名人员进行必要的考核、综合评价、择优录取。未被录取的考生由省级成招办调剂到其他志愿高校录取。

29. 成人专科起点升本科教育的学习年限为多长？

学习时间一般为两年半。未尽事宜按现行有关规定执行。

30.具有高职高专学历的毕业生退役后报考普通高校本科，如何参加考试？有何优惠政策？

具有高职（高专）学历的退役毕业生与其他普通专升本考生一起报名参加考试，享受招生计划单列、考试成绩单独画线、按报考人数30%比例择优录取的优惠政策。

31.具有高职（高专）学历的毕业生退役后报考普通高校本科，何时报名？何时入学？

每年春节后报名（具体时间询所在省级教育行政部门），6月底前完成录取，新生于当年秋季入学。

32.毕业生退役后报考普通高校本科需要带哪些材料？

考生凭身份证、普通高职（高专）毕业证书和士兵退役证，到户口所在地省级招生考试机构或省级教育行政部门确定的高校报名。

33.普通专科起点升本科教育的学习年限为多长？

学生在校学习时间一般为两年。未尽事宜按现行有关规定执行。

34.只有本科学历的毕业生退役后报考研究生才加10分吗？是单科加分还是总分加分？

除本科学历外，高职（高专）学历的退役士兵以本科同等学力身份报考硕士研究生，也可以享受初试总分加10分的优惠政策。

35.什么是政法院校为基层公检法定向岗位招生？

2008年，政法院校开展招录培养体制改革试点工作，重点从军队退役士兵和普通高校毕业生中选拔人才，为西部和经济欠发达地区的基层公、检、法、司机关定向招录培养专科以上层次的各类人才。

36.高校毕业生应征入伍服义务兵役，其户口档案存放在哪里？如何迁转？

高校毕业生在5—6月份参加预征，身体初检和政治初审合格，填写《登记表》，将户口迁回入学前户籍所在地，档案可转到入学前户籍所在地人才交流中心存放。批准入伍后，其学籍档案放入新兵档案。

37.高校毕业生退役后就业及户档迁移有何优惠政策？

高校毕业生服役期满择业可参照应届高校毕业生办理就业手续。入伍高校毕业生退出现役后1年内，可视同高等学校应届毕业生，凭用人单位录（聘）用手续，向原就读高校再次申请办理就业报到手续，户档随迁（直辖市按照有关规定执行）；参加户籍所在地省级毕业生就业指导机构、原毕业高校就业招聘会，享受提供信息、重点推荐、就业指导等就业服务。

38.退役的高校毕业生参照应届高校毕业生办理就业报到证有无时间期限？

申请办理就业报到证的期限从毕业生退出现役当年的12月1日起到次年12月31日止。

39.没有参加网上预征报名的高校毕业生是否还可以应征入伍并享受有关优惠政策？

离校前未报名应届毕业生，冬季征兵前到入学前户籍所在地乡（镇、街道）武装部报名并进行兵役登记，合格者确定为预征对象，择优送站体检。体检、政审合格被批准入伍后，补办补偿代偿等手续，仍可享受国家鼓励高校毕业生应征入伍的各项优惠政策。

40.高校毕业生被确定为预征对象之后，如果在正式入伍前又找到工作了怎么办？

高校毕业生参加预征不影响其就业。参加预征的毕业生经过初检、初审被确定为预征对象后选择就业的，应及时告知预征所在地兵役机关，并将预征手续退回。

41.高校毕业生离校时户籍已迁回原籍，但最终未能入伍。如落实了新的就业单位，应如何办理就业报到手续？

对于离校时户籍已迁回原籍、但未能入伍的高校毕业生预征对象，如落实了新的就业单位，可根据有关规定，向原就读学校申请办理就业改派手续，毕业生就业地公安部门凭毕业生所持的《全国普通高等学校毕业生就业报到证》为其办理户口迁移手续。直辖市按照有关规定执行。

42.在校大学生、往届生是否可以参加冬季征兵，并享受国家鼓励普通高校毕业生入伍的优惠政策？

大学在读学生和往届毕业生入伍，按照当年国务院、中央军委征兵命令中有关政策办理，不享受普通高等学校应届毕业生入伍的优惠政策。符合条件的翌年毕业生入伍可以享受普通高等学校应届毕业生入伍的优惠政策。

43.普通高校女性毕业生是否可以参加预征？是否可以参军入伍并享受国家有关优惠政策？

普通高校毕业生入伍预征面向男性毕业生，女性毕业生不参加预征，但可在冬季征兵时在地方兵役部门直接报名应征，如果获准入伍，享受国家鼓励高校毕业生入伍服义务兵役的各项优惠政策。女性应届毕业生征集条件以每年的征兵命令及相关文件明确。

44.翌年毕业的毕业班学生是否可以应征入伍服义务兵役？服完兵役后是否还需要回校复读？

翌年毕业的毕业班学生在本年度冬季入伍，届时按照学校的规定完成毕业论文(设计)和答辩，可以提前毕业的，能够享受国家关于普通高校应届毕业生入伍服义务兵役的有关优惠政策。也可以作为在校大学生入伍，服现役完成后复学继续完成学业。

45.高校毕业生应征入伍服义务兵役，是否有专业限制？

高校毕业生入伍服义务兵役，没有专业限制，符合身体条件、政审条件都可以报名应征。

46.已经和工作单位签约，现在又想应征入伍，是否属违约？

普通高校毕业生应征入伍需要变更就业协议，不属于违约。依法参军服兵役，是每个公民应尽的光荣义务和权利，受国家法律和政策的保护，用人单位要依照《宪法》、《兵役法》等规定，支持本单位员工依法服兵役，并落实好他们退役后的安置工作。高校毕业生要和用人单位及时沟通协商，共同做好工作安排。

47.什么是士官？与义务兵有什么区别？

我军现役士兵按兵役性质分为义务兵役制士兵和志愿兵役制士兵。义务兵役制士兵称为义务兵，志愿兵役制士兵称为士官。士官属于士兵军衔序列，但不同于义务兵役制士兵，是士兵中的骨干。义务兵实行供给制，发给津贴，士官实行工资制和定期增资制度。这次预征指的是义务兵。

48.应届本科毕业生应征入伍是否直接为士官？

目前部队面向毕业生既招收士官，也招收义务兵，这是两个不同兵役性质的士兵系列。士官不属于义务兵役。义务兵服役两年后，符合条件的，可以被选为士官。

49.士官直招什么时间开始？高校毕业生直招士官是否可以享受学费补偿等政策？

士官直招工作5、6月份开始，8月份批准入伍，符合军队特殊专业需求的毕业生，可以在学校或者户口所在地县(市、区)征兵办公室报名，经过体检、政审等环节，招收到部队，高校毕业生直招士官不享受学费补偿和国家助学贷款代偿等优惠政策。

50.高校毕业生应征入伍后，是否可以报考军校？考哪方面的文化课程？报考军校有何年龄限制？

高校毕业生入伍第二年可以考军校。文化课程为全军士兵考学统一课程。年龄限制放宽到23周岁。

高等学校毕业生学费和国家助学贷款代偿暂行办法

第一条 为引导和鼓励高校毕业生面向中西部地区和艰苦边远地区基层单位就业，根据《中共中央关于推进农村改革发展若干重大问题的决定》(中发[2008]16号)和《国务院办公厅关于加强普通高等学校毕业生就业工作的通知》(国办发[2009]3号)有关精神，制定本办法。

第二条 高校毕业生到中西部地区和艰苦边远地区基层单位就业、服务期在3年以上(含3年)的，其学费由国家实行代偿。在校学习期间获得国家助学贷款(含高校国家助学贷款和生源地信用助学贷款，下同)的，代偿的学费优先用于偿还国家助学贷款本金及其全部偿还之前产生的利息。

第三条 本办法中高校毕业生是指中央部门所属普通高等学校中的全日制本专科生(含高职)、研究生、第二学士学位应届毕业生。定向、委培以及在校学习期间已享受免除学费政策的学生除外。

第四条 本办法中，西部地区是指西藏、内蒙古、广西、重庆、四川、贵州、云南、陕西、甘肃、青海、宁夏、新疆等12个省(自治区、直辖市)。

中部地区是指河北、山西、吉林、黑龙江、安徽、江西、河南、湖北、湖南、海南等10个省。

艰苦边远地区是指除上述地区外，国务院规定的艰苦边远地区。

第五条 本办法中的基层单位是指：

(一)中西部地区和艰苦边远地区县以下机关、企事业单位，包括乡(镇)政府机关、农村中小学、国有农(牧、林)场、农业技术推广站、畜牧兽医站、乡镇卫生院、计划生育服务站、乡镇文化站等；

(二)工作现场地处中西部地区和艰苦边远地区县以下的气象、地震、地质、水电施工、煤炭、石油、航海、核工业等中央单位艰苦行业生产第一线。

第六条 凡符合以下全部条件的高校毕业生，可申请学费和国家助学贷款代偿：

(一)拥护中国共产党的领导，热爱祖国，遵守宪法和法律；

(二)在校期间遵守学校各项规章制度，诚实守信，道德品质良好，学习成绩合格；

(三)毕业时自愿到中西部地区和艰苦边远地区基层单位工作、服务期在3年以上(含3年)。

第七条 每个高校毕业生每学年代偿学费和国家助学贷款的金额最高不超过6 000元。毕业生在校学习期间每年实际缴纳的学费或获得的国家助学贷款低于6 000元的，按照实际缴纳的学费或获得的国家助学贷款金额实行代偿。毕业生在校学习期间每年实际缴纳的学费或获得的国家助学贷款高于6 000元的，按照每年6 000元的金额实行代偿。

本科、专科(高职)、研究生和第二学士学位毕业生代偿学费和国家助学贷款的年限,分别按照国家规定的相应学制计算。

第八条 国家对到中西部地区和艰苦边远地区基层单位就业的获得学费和国家助学贷款代偿资格的高校毕业生采取分年度代偿的办法,学生毕业后每年代偿学费或国家助学贷款总额的1/3,3年代偿完毕。

第九条 按本办法确定的学费和国家助学贷款代偿所需资金,由中央财政安排。

第十条 符合条件的高校毕业生,按以下程序申请学费和国家助学贷款代偿:

(一)高校毕业生本人在办理离校手续时向学校递交《学费和国家助学贷款代偿申请表》和毕业生本人、就业单位与学校三方签署的到中西部地区和艰苦边远地区基层单位服务3年以上的就业协议。

(二)在校学习期间获得国家助学贷款的高校毕业生,在与国家助学贷款经办银行签订毕业后的还款计划书时,应注明已申请国家助学贷款代偿,如果获得国家助学贷款代偿资格,不需自行向银行还款。

(三)高校根据上述材料,按本办法规定,审查申请资格;在每年6月底前,将符合条件的高校毕业生相关材料集中报送全国学生资助管理中心审批。对存在"二次定岗"的毕业生,高校应在毕业生提交有关证明材料并经审查后,最迟于当年12月底前将申请材料集中报送全国学生资助管理中心审批。

全国学生资助管理中心在收到高校申请材料后1个月内,将审批确定的获得学费和国家助学贷款代偿资格的学生名单通知有关高校及国家助学贷款经办银行,同时将有关审批文件报教育部、财政部备案。

第十一条 高校需在每年6月30日前将获得学费和国家助学贷款代偿资格的高校毕业生当年在职在岗情况报送全国学生资助管理中心。

高校毕业生所在高校要建立与就业单位和国家助学贷款经办银行定期联系制度。高校要专门为经资格审查合格的获得学费和国家助学贷款代偿的高校毕业生建立完整准确的档案,并将高校毕业生在本学段学习期间获得学费和国家助学贷款代偿情况书面通知毕业生本人、就业单位人事部门及国家助学贷款经办银行。同时,还应主动了解并定期向全国学生资助管理中心和国家助学贷款经办银行通报毕业生的工作情况,以便经办银行及时掌握借款学生的动态情况,做好国家助学贷款业务贷后管理工作。

第十二条 除因正常调动、提拔、工作需要换岗而离开中西部地区和艰苦边远地区基层单位外,对于未满3年服务年限,提前离开中西部地区和艰苦边远地区基层单位的高校毕业生,就业单位人事部门应要求其及时向办理代偿的原高校申请取消学费和国家助学贷款代偿资格。

对于取消学费代偿资格的毕业生,高校应及时将有关情况报送全国学生资助管理中心。全国学生资助管理中心从当年开始停止对其学费的代偿。

对于取消国家助学贷款代偿资格的毕业生,改由其本人负责偿还余下的国家助学贷款本息。就业单位应当及时将有关情况通报给高校,并凭毕业生重新签订的国家助学贷款还款计划书为其办理离职手续。高校应将有关情况及时通知全国学生资助管理中心和国家助学贷款经办银行。

对于不及时向高校提出取消学费和国家助学贷款代偿资格申请、不与银行重新签订还款计划书、提前离岗的高校毕业生，一律视为严重违约，国家有关部门要将其不良信用记录及时录入国家金融业统一征信平台相关数据库。

第十三条　学费和国家助学贷款代偿资格经全国学生资助管理中心审定后，有关部门(单位)应按照部门预算管理的有关规定，将学费和国家助学贷款代偿资助项目经费编入部门预算。财政部及时将代偿资金拨付给全国学生资助管理中心。全国学生资助管理中心应在收到财政部拨付的代偿资金15个工作日内，将代偿资金拨付给高校。高校应于15个工作日内将代偿资金代为偿还给高校毕业生国家助学贷款经办银行或返还给高校毕业生本人。

第十四条　有关高校要严格执行国家相关财经法规和本办法的规定，对代偿资金实行分账核算，专款专用，不得截留、挤占、挪用，同时应接受财政、审计、纪检监察、主管机关等部门的检查和监督。

第十五条　对于弄虚作假的高校和高校毕业生，一经查实，除收回国家代偿资金外，将按有关规定追究相关责任。

第十六条　各省(自治区、直辖市)要参照本办法规定的原则，制定吸引和鼓励高校毕业生面向本辖区艰苦边远地区基层单位就业的学费和国家助学贷款代偿办法。

第十七条　本办法自公布之日起施行。财政部、教育部印发的《高等学校毕业生国家助学贷款代偿资助暂行办法》(财教[2006]133号)同时废止。

第五章　就业文化氛围营造标准

校园就业文化属于校园文化的一部分，是高校内部形成的一种促使学生树立正确人生观、价值观和就业观，激发学生求职欲望，提升学生就业力的氛围和环境。校园就业文化主要是利用校园内部或者校园外部环境对学生产生影响，引导高校大学生树立科学的就业创业观念和职业理想，增强就业创业意识，提升就业创业能力和求职技巧，帮助学生认识自我和了解社会环境，规划职业生涯，从而增强整体素质和就业竞争力，提高就业质量。校园就业文化氛围营造是通过校园就业文化的渗透功能和导向功能，为大学生提供灵活的就业思路，提高大学生的职业素养，帮助大学生树立正确的就业观。

第一节　校园就业文化氛围营造

第一条　引导和鼓励校院两级就业助理团、校招聘服务组和其他学生组织以多种形式开展就业创业类和招聘服务类学生活动。

第二条　优化整合现有的校园就业文化宣传方式。利用校内各处海报墙、橱窗、展板、电子屏、宣传展架等进行就业与创业的相关活动宣传，面向全校学生发放就业创业类宣传报纸、刊物，进行就业常识广播宣传，普及就业与创业知识。

第三条　开展新媒体下的校园就业文化宣传方式。利用毕业生就业信息网和其他网站向全校学生发布就业创业类和招聘类活动信息；利用微博、微信、人人网等其他平台宣传就业创业类和招聘类活动信息和宣传作品。创造条件，开展互动。

第四条　加强对外沟通交流，使就业文化氛围与社会环境相融合，要坚持“引进来，走出去”的原则，广泛开展与用人单位和其他院校的人才交流、就业学习交流活动。邀请优秀校友和企业高管来校进行就业指导和经验分享，组织学生参与就业实践调研活动，实现就业文化与社会环境的有机融合。

第二节　就业创业类学生活动开展

第五条　每年4—6月份，面向全校学生，开展“职业生涯发展月”和“毕业季”活动，并鼓励各学院就业服务中心也组织各学院的“职业生涯发展月”和“毕业季”活动，在全校范围内扩大其影响。“职业生涯发展月”活动以职业生涯规划讲座、企业参观体验活动、职业生涯工作坊、职业生涯规划相关影片放映相结合的方式进行；“毕业季”活动采取毕业季主题歌、毕业季微电影、毕业照、毕业纪念品发放、毕业欢送会、毕业典礼等形式进行。

第六条　每年10—12月份，面向全校学生开展“就业指导月”和“理想季”系列活动，并鼓励各学院就业服务中心也组织各学院的“就业指导月”和“理想季”活动，在全校范围内扩大其影响。“就业指导月”活动形式采用“简历制作技巧和求职技能培训”职场训练营、公务员模拟考试、就业形势讲解等类型的讲座或座谈；“理想季”活动以“理想杯”演讲比赛、影片放映、理想教育主题讲座等形式进行。

第七条　在职业生涯规划月和就业指导月中举行多种形式的比赛，调动学生们的积极性。如开展职业生涯规划大赛、模拟求职大赛、简历制作大赛、营销大赛等活动。

第八条　在每学期的中段，由创业教育指导委员会牵头，由就业助理团和其他创业类学生组织举办多种形式的创新创业课程、讲座和沙龙。组织、引导全校学生参加挑战杯、梁希杯、北林科技园杯等各种创业大赛，积极主办和承办林业类大学生创业大赛。

第九条　定期组织“林业厅局长论坛”，邀请地方林业系统的主要领导从更高的角度、更深的层次介绍我国各省林业建设与发展情况，引导和鼓励更多的学生积极投身主流行业就业。

第三节　传统文化宣传阵地利用

第十条　完善校园就业文化相关宣传海报张贴规范。所有就业文化宣传类海报内容不得有商业营销性质，所有就业文化宣传类海报都应加盖就业服务中心公章，在指定的海报墙上、宿舍楼下张贴。同时将电子版海报于指定电子屏展示。

第十一条　定期更新校园就业文化宣传相关的展架内容。依据校园就业文化宣传的需要，制作相应的宣传展架，定期对就业创业类活动进行宣传，并开辟专栏展架宣传就业手续的相关内容。

第十二条　做好校园就业文化相关报纸、杂志发行工作。由就业助理团制作，紧跟最新的校园就业文化方向，提供最实用的就业与创业资讯，面向全校学生发行《就业指导报》、《就业简报》、《就业与创业》和“毕业季”纪念册等刊物。提高相应刊物的发行速度，《就业指导报》每月一期，《就业简报》每月两期，《就业与创业》每学期两期。提高刊物的质量，面向全校学生征稿，聘请校内、校外就业与创业专家作为刊物的撰稿人。

第十三条　推出校园就业文化宣传广播。以广播形式开展每周一期的生涯人物访谈栏目，每周一期就业与创业新闻栏目，每周一期就业与创业咨询答疑栏目。

第四节　新媒体下的就业文化宣传

第十四条　拓展毕业生就业信息网的相关功能，优化现有的网络宣传形式，强化原有的信息发布模块，增加就业与创业咨询互动模块。

第十五条　做好就业指导专题网站主阵地页面的开发和维护工作，将其转变为我校校园就业文化宣传的专题网站，以学生喜欢的形式和方式宣传就业和创业信息。

第十六条　利用新浪微博、微信、人人网等社交网站，做好认证用户和公共主页的管理和维护，增强与学生的交流和互动。

（执笔：王兆龙　庄仲达）

附录

就业文化氛围营造时间推进表

时间	主要内容	执行人	监督人
9月初	海报墙、橱窗内宣传品更新，营造新学期就业氛围，普及就业与创业知识。	校就业服务中心	招生就业处
10月初—11月	就业指导月主题活动：简历制作技巧培训、求职技能培训、就业形势讲解等的讲座或座谈、企业参观体验活动、公务员模拟考试、模拟求职大赛、简历制作大赛。	校、院就业服务中心	招生就业处
10月中旬	创业类讲座、沙龙，挑战杯、梁希杯创业大赛、公务员模拟考试。	就业助理团、创业类学生组织	校就业服务中心
11月中旬	林业厅局长论坛、“理想杯”演讲比赛、营销大赛、企业参观体验活动。	校就业服务中心	招生就业处
12月中旬	《就业与创业》杂志发放	就业助理团	校就业服务中心
4—5月	职业生涯规划月主题活动：职业生涯规划讲座、职业生涯工作坊、职业生涯规划影片放映、职业生涯规划大赛、新生班级骨干职业生涯培训、北林科技园杯创业大赛等。	校、院就业服务中心	招生就业处
5月中旬	林业厅局长论坛。	校就业服务中心	招生就业处
6月中旬	《就业与创业》、“毕业季”纪念册杂志发放、毕业季主题歌发布会，毕业季微电影发布。	校就业助理团	校就业服务中心
贯穿全年	毕业生就业信息网、微博、微信、人人网等网络媒体的信息发布与维护。	招聘服务组	校就业服务中心
贯穿全年	《就业指导报》发放，每月一期 《就业简报》发放，每月两期	就业助理团	校就业服务中心

第三篇
就业队伍建设和就业理论研究

第一章　就业工作人员队伍建设标准

就业工作队伍是高校开展就业服务工作的主要执行者，一支职业化、专业化、专家化并且相对稳定的就业指导队伍是开展就业服务工作的必要条件。为推动我校就业服务工作良性发展，建设全员化的就业工作格局，全面提升就业工作队伍的水平和能力，特制定本标准。

第一节　就业专职人员队伍建设

第一条　推进就业服务工作二级管理，明确院系专职就业工作人员编制，完善学院就业服务中心建设。

第二条　组织就业专职人员进行专业化培训，参加各类辅导班、研讨会、学术论坛，系统学习有关就业的理论知识和实操经验，实行先培训后上岗。

第三条　充分发挥学校的科研能力和智力资源，把做好就业工作和提升综合能力相结合，培养“一专多能”的就业服务工作人员。

第四条　成立大学生就业创业教育研究会，规划和指导专职就业人员的成长和进步，鼓励开展实践探索和理论研究。

第五条　设立就业工作专项奖励经费，对优秀就业专职人员进行表彰。

第二节　就业兼职人员队伍建设

第六条　对辅导员、班主任进行就业政策咨询、就业心理辅导、职业生涯规划理论、毕业生就业动态调查等方面理论知识的培训，编制辅导员、班主任就业工作服务手册，方便他们进行“一对一”的教育和辅导。

第七条　对专业教师开展就业形势和政策的培训，把握同学们的就业时间节点。鼓励专业教师充分整合社会资源，开拓就业市场，为同学们提供就业岗位。建立研究生就业导师负责制度，促使他们从毕业生的就业状况出发，自觉地调整教育教学内容。

第八条　建立“就业导师”制度。要做到点面结合，采取“走出去”、“请进来”等方式，聘请企业家、人力资源专家、工程师、社会成功人士等社会各界人士来校进行经验知识传播，丰富就业指导人员知识体系。

第三节　学生就业服务队伍建设

第九条　加强对校院两级就业助理团的指导，明确工作职责，激发他们的想象力，提升活动策划能力。指导做好各级助理团的成员招新、换届总结工作。注重组织文化的提炼和传承，全面提升就业助理团的工作能力。

第十条　对就业创业类学生社团要尽量为他们提供活动指导，尽量为他们解决工作中遇到的实际问题。

第十一条 对班干部、班级就业联系人要进行就业政策的培训，要有针对性地培养他们细致入微的工作作风和全心全意为同学服务的责任意识。注重优秀典型的树立和宣传工作，充分发挥模范带头作用，在班级内形成争先就业的良好风气。

（执笔：倪潇潇 邢海涛 苏辉辉）

附录

就业工作人员队伍建设时间推进表

时间	主要内容	执行人	监督人
9月初	编印并发放班主任、辅导员就业工作服务手册	校就业服务中心	
9月中旬	就业专职人员、班主任、辅导员、学生助管培训：政策手续方面	校、院就业服务中心	
10月中旬	就业专职人员、班主任、辅导员培训：就业心理指导方面、毕业生就业动态调查方面	校、院就业服务中心	
	就业助理团换届：工作总结与新人员培训	校、院就业服务中心	
10月下旬	优秀就业专职人员表彰	校就业服务中心	
3—4月	就业导师经验谈、林业厅局长论坛：聘请企业家、人力资源专家、政府官员、工程师、社会成功人士等社会各界人士来校进行经验知识传播	校就业服务中心	
5月中旬	就业专职人员、班主任、辅导员培训：职业生涯理论方面	校、院就业服务中心	

第二章　专兼职就业人员工作职责标准

就业专兼职人员是负责学生就业管理、就业指导、就业市场开拓以及信息化建设的一线工作人员。他们对外负责收集单位需求信息，联络用人单位，搭建用人单位与学生的桥梁，建立学生实习实践和就业基地。对内教育并指导在校学生树立正确的成才与就业观念，提升学生就业竞争力，提高学生综合素质。

辅导员、班主任和专业教师在就业工作中各有侧重，辅导员和班主任工作重点是让学生清楚地认识自己，提升自己，是学生职业规划的引导者。专业教师的工作重点是辅导学生探知行业状况，让学生清楚地认识外部就业环境和社会需求。辅导员、班主任和专业教师在职业教育中应保持良好沟通，紧密配合。

第一节　就业专职人员的工作职责

第一条　以服务毕业生和用人单位为宗旨，贯彻执行国家相关就业政策，按照学校就业工作计划，遵循公平、公开、公正的推荐原则，尊重毕业生个人与用人单位充分的双向选择权利。

第二条　推荐毕业生就业，收集和发布就业信息，提供信息查询、心理咨询、职业咨询，建立用人单位信息库、困难学生就业帮扶台账，同时开展就业指导和就业相关活动。

第三条　跟踪服务未就业毕业生。要及时通过网络、短信、电话等途径跟踪服务未就业毕业生，提供帮助，并按季汇总上报。

第四条　审查毕业生资格，管理和发放《毕业生就业推荐表》，做好毕业生派遣工作。

第五条　为在校生和毕业生就业选择提供职业生涯规划指导、提供政策、形势、求职技巧等咨询指导，提供信息服务，帮助学生正确认识自我，迈好职业生涯的第一步。

第六条　为用人单位来校选录人才提供全方位的服务，全面介绍学校的院系设置和专业情况，如实完整地向用人单位提供求职学生个人情况，协助组织各种类型和规模的招聘洽谈活动。

第七条　多渠道开辟就业途径，拓宽就业渠道，建立毕业生就业实习基地，维护与用人单位的合作关系。

第八条　做好历届毕业生资料收集和保管工作，定期归纳总结、申报就业类课题，做好年底总结工作。

第九条　开展就业工作规律性的研究，形成长效机制，产生有推广价值的成果。

第二节　辅导员在就业工作中的职责

第十条　辅导员是学生自我认知和职业规划的引导者，负责唤醒学生的职业生涯规划意识，培养学生的职业规划理念。

第十一条　引导学生树立正确的价值取向，帮助学生探索自己的兴趣和价值观，帮助学生培养自己的技能，包括专业技能，可迁移技能和自我管理技能。

第十二条　为毕业生提供具体的就业指导，进行就业心理疏导和就业政策解读，与企业保持密切联系，及时并深入了解就业市场的供需情况，架设好毕业生和用人单位之间的桥梁。

第三节　班主任在就业工作中的职责

第十三条　班主任是学生成长的引导者，在就业工作中发挥着特殊的作用。对学生的成长情况和特点最为熟悉，应帮助并影响学生树立正确的价值观。

第十四条　随时了解学生生活中遇到的困难和问题，及时了解学生的学习和发展情况，对学生进行一对一的教育和辅导，逐步地让学生认识自己，对于学生中存在的突发情况要及时报告。

第四节　专业教师在就业工作中的职责

第十五条　专业教师是学生专业学习的引导者。专业教师以其丰厚的专业知识受到学生的仰慕和敬佩，专业教师应在学生的学业发展上进行一对一的指导。

第十六条　帮助学生探索并认知职业世界。定期向学生讲解行业发展动态和代表性企业发展情况，并与专职辅导员一起与企业建立良好的联系，开拓就业市场，积极推荐学生就业。

第五节　就业服务类学生组织的职责

第十七条　编辑出版就业指导报纸、刊物等，搭建信息交流平台。

第十八条　对外联系、沟通用人单位和其他兄弟院校就业指导职能部门，举办相关活动和讲座，做好用人单位和展会服务的辅助工作。

第十九条　引导学生树立科学的就业观念和职业理想。

第二十条　帮助学生了解自身素质、专业发展状况和社会需求，帮助学生进行职业生涯规划。

第二十一条　普及大学生求职的技巧。

第二十二条　增强学生努力学习、提升整体素质和就业竞争力的意识。

第六节　创业服务类学生组织的职责

第二十三条　帮助学生了解创业知识，在实践中认识创业活动，培养同学的创新精神和创业能力，提高同学的职业规划能力和创业能力。

第二十四条　通过企业家访谈、企业走访、创业沙龙、配合商业计划书竞赛、模拟企业经营等创业教育活动为学生提供优质服务。

第七节　班干部在就业工作中的职责

第二十五条　班干部作为班级工作的核心，是班级学生中就业意识和就业能力提升的重要推动力量。

第二十六条 营造良好班风，开展丰富的就业类课外活动。

第二十七条 定期召开就业相关主题班会，提高班级成员的就业能力。

第二十八条 组织开展就业实践活动，加强与就业单位接触，并负责撰写就业实习实践鉴定和总结。

第二十九条 建立就业联系人制度，搭建班级与学校沟通的桥梁。

（执笔：任忠诚 聂丽平 魏洪斌）

附录一

就业专职人员工作推进时间表

9—10月：毕业生就业动员及相关准备工作

a. 召开毕业生动员大会，召集全体毕业生召开大会（也可分专业召开），讲解近几年各专业就业、考研情况，提醒同学们一定要分析自我，找准目标，坚持到底。找工作要积极主动、尽可能挖掘周围资源。

准备资料：

b. 毕业生常用信息指南（如院校相关办公室职能、办公地点、办公电话、对应辅导员等）；

c. 往年学院及各专业就业情况、往届毕业生录取单位名录（网络版）、求职过程中应该注意的事项、几项比较重要的毕业相关手续（如签约、出国、户口、档案、单位用人证明等）、本学期就业工作安排（招聘会、公务员考试、考研报名等时间安排）。

d. 国家促进高校毕业生就业的相关政策（如村官、社区工作者、选调生、西部志愿者、应征入伍等）。

9月底或者10月初：保送研究生推免

本校保研结束后及时拿到最终名单，同时准备开始做《第一次毕业生去向摸底统计》。在接下来的几个月内，陆续会收到保研学生的调档函，学院保存一份复印件留存。

10月初：第一次毕业生摸底统计

a. 毕业生的毕业去向（保研、考研、出国、就业）进行统计，掌握基础数据，统计内容包括：所考学校、专业；出国的国别和申报专业；就业的具体意向如地区、工作单位性质等。

b. 毕业生分类型统计：包括经济困难学生统计、学业困难学生统计（四级未过、学分未修满）、心理困难学生统计。

10—12月：用人单位招聘高峰期

a. 集中联系用人单位，并邀请参加校园双选会。召开专场招聘会时每日做好招聘信息记录和登记、提前准备与单位约定好时间，及时发布招聘信息和通知毕业生。

b. 11月，田家炳体育馆大型双选会。

c. 关注国家公务员、各地方选调生及公务员考试、考研等报名信息，提醒学生不要错过报名时间。组织各类就业指导专题讲座（公务员类、简历制作、面试技巧、职业选择等主题讲座）。

续表

11—12 月:专场招聘高峰 每日做好招聘信息记录和登记、提前准备并与单位约定招聘具体时间,及时发布招聘信息并通知毕业生。每年 11 月中、下旬在田家炳体育馆会举办大型校园双选会。 a. 与单位沟通时重点确定以下几点:单位出席人数、姓名、职位,招聘专业、职位、人数和基本要求,招聘时间和形式,是否需要多媒体,是否需要笔记本,是否面试,面试的形式、时间及地点,是否还有其他需要提供帮助的。 b. 尽量提前一至两天通知学生准备参加招聘会,明确时间和地点,如有临时变更要及时通知就业联系人。 c. 招聘当天提前布置场地,如清扫场地、书写黑板、调试多媒体、准备水等,宣讲会开始时简单介绍来宾和招聘流程。宣讲过程可制定职业发展中心学生负责服务,宣讲和面试结束后要及时与单位人员沟通接下来的工作。约定公布最终结果的时间。 d. 招聘后要及时跟踪用人单位的最终录取情况,是否需要补录或者推荐等。最终结果公布后要召集拟录取的学生交流,了解他们的真实想法,与用人单位进行实事求是地反馈,提醒学生就业协议书每人只有一份,慎重考虑后方可作决定。 e. 单位及毕业生双方达成一致后,可以办理签约手续。
整理并总结一年的工作(12 月份) 收集上一年就业工作相关材料,整理排版。
给用人单位寄送节日贺卡(12 月末) 经过商讨,确定寄送的单位名录。书写贺卡,寄送,确保能够在元旦佳节前后收到贺卡。
第二次毕业生摸底情况统计(1 月份) 国家公务员考试、北京公务员考试及研究生考试均结束后,了解学生考试的情况及今后的打算,对于考试不理想的同学,动员其尽快调整状态,积极做好求职准备。
第三次毕业生摸底统计(3 月初) 统计各专业各班级上研、出国、公务员录取情况、已就业情况。针对就业情况不理想的班级进行再次动员,并在辅导员的协助下深入了解学生情况,提供帮助。
基层项目政策讲解暨签约、户档手续说明会(3 月末或 4 月初) 召集全体毕业生,讲解签约流程、户档手续及其重要性等,并做基层项目(村官、社区工作者、应征入伍)政策讲解、历年签约情况、基本要求和工作内容等。往年基层项目的报名和录取在 4 月末至 6 月之间。
招聘高峰期(3—4 月份) 同 9—10 月份高峰期。收集单位用人证明。
毕业生派遣工作开始(5—6 月份) 5 月底开始进行毕业生派遣工作,一般分 2～3 批派遣。第一批为上研和已完成签约手续的;第二批为确定出国、陆续确定签约和户档二分的;第三批为陆续户档二分的。 a. 发布派遣通知及网上数据填写说明,召开就业联系人会议,详细说明填写要求。 b. 学生在网上进行就业数据填写。 c. 审核并下载数据,整理打印版签字单,包括以下几个重要字段:姓名、专业、毕业去向、单位名称、单位所在地、档案转寄单位名称、户口迁移地址、就业形式、本人签名。 d. 就业但未签约的学生需填写《毕业生选择去向表》。 e. 学院与学校进行数据核对。
毕业离校手续办理(6 月底至 7 月初) 毕业合影、毕业典礼、学位授予仪式,毕业生登记表盖章上交、学生档案整理。
总结:学年就业工作总结、招聘信息整理。

附录二

辅导员就业工作推进时间表

时间		教育内容	作用
大一	上学期	大学生涯规划和职业生涯规划；学生社会化的重要性；列举成功的案例。	使学生大体认识现在大学生的就业形势，增强就业意识，鼓励学生多接触社会，尽早做职业生涯规划，让他们在思想上、观念上早做职业规划和就业准备。
		生涯指导和专业外领域答疑	唤醒学生的职业规划意识。
		辅导员，班主任，专业教师交流会	交流学生的成长情况，及时发现问题，对个别学生开展一对一指导。
	下学期	生涯指导——价值观，答疑	唤醒学生的职业规划意识，帮助学生探索自己的价值观。
		辅导员，班主任，专业教师交流会	交流学生的成长情况，及时发现问题，对个别学生开展一对一指导。
大二	上学期	生涯规划——兴趣探索	培养学生的职业规划意识，帮助学生探索自己的兴趣。
		综合素质类教育，培训讲座	加强综合能力培养。
	下学期	生涯规划——兴趣探索	培养学生的职业规划意识，帮助学生探索自己的兴趣。
		综合素质类教育，培训讲座	加强综合能力培养。
		学期末，个人生涯发展规划作业	提升学生职业规划意识。
大三	上学期	上学期个人生涯发展规划作业展示，答疑	锻炼学生生涯发展规划能力。
		职业发展方向教育，生涯规划教育，答疑	让学生学会职业规划，帮助学生探索自己的专业技能、可迁移技能和自我管理技能。
		辅导员，班主任，专业教师交流会	交流学生的成长情况，及时发现问题，对个别学生开展一对一指导。
	下学期	企业家论坛，讲座 企业与学生交流会	增加对企业和未来工作的认识。
		行业就业形势报告会	增加学生对未来就业市场的了解。
		就业指导讲座	提升就业技能，如简历制作，面试技巧，求职礼仪等。
		辅导员，班主任，专业教师交流会	交流学生的成长情况，及时发现问题，对个别学生开展一对一指导。
		学期末，就业、实习、升学动员会	让学生尽早进入实习状态。

续表

时间		教育内容	作用
大四	上学期	毕业班学生动态调查	了解毕业生动态。
		毕业班就业动员大会	使毕业生尽早进入毕业状态。
		简历制作,面试技巧辅导,就业心理辅导	提升就业技能。
		为学生提供企业招聘信息	增加就业渠道。
		邀请企业开展宣讲会	增加就业渠道。
		走访质量较好,用人需求量较大企业	建立长期合作模式,推介毕业生。
		辅导员班主任交流会	了解毕业生动态。
		就业手续办理说明会	使学生了解就业的相关手续办理事宜,如户档关系派遣,签订劳动合同等。
		针对性辅导特殊就业群体	
		班主任跟踪调查,与辅导员沟通情况	辅导员针对性辅导。
		就业工作研讨会(分专业)	充分利用教师、校友等资源,为学生争取更多机会。
		生涯规划教育,就业心理教育	引导以学生正确心态对自己进行生涯规划。
	下学期	毕业班学生动态调查	了解毕业生动态。
		就业相关问题答疑	有针对性地对毕业生服务。
		辅导员班主任交流会	了解毕业生动态。
		邀请企业开展宣讲会	增加就业渠道。
		为学生提供企业招聘信息	增加就业渠道。
		走访质量较好,用人需求量较大企业	建立长期合作模式,推介毕业生。
		就业工作相关手续办理	
		就业工作研讨会(分专业)	充分利用各方资源,为学生争取更多机会。
		就业心理教育	使学生以正确积极的心态面对就业。
		一对一的针对性辅导	关注就业特殊群体。
		生涯规划教育	促使毕业生在毕业后有更好的职业规划,发展人生。

附录三

班主任就业工作推进时间表

时间		教育内容	作用
大一	上学期	如何度过大学生活；我将如何度过大学生活主题班会	使大学生对大学生活有初步认识，唤醒学生的职业规划意识
		辅导员，班主任，专业教师交流会	交流学生的成长情况，及时发现问题对个别学生开展一对一指导
		期末总结；个人成长案例分析	认知自己
	下学期	个人学期计划主题班会	使学生在规划中逐步认识自己
		学习成绩跟踪调查	针对性辅导帮助
		辅导员，班主任，专业教师交流会	交流学生的成长情况，及时发现问题对个别学生开展一对一指导
		个人学期总结主题班会	使学生更加清楚地了解认识自己
大二	上学期	个人成长案例分析	认识自己
		学习成绩跟踪调查	针对性辅导帮助
		个人学期总结主题班会	使学生更加清楚地了解认识自己
	下学期	个人成长案例分析	认识自己
		学习成绩跟踪调查	针对性辅导帮助
		个人学期总结主题班会	使学生更加清楚地了解认识自己
大三	上学期	个人发展说明会	认识自己
		辅导员，班主任，专业教师交流会	交流学生的成长情况，及时发现问题对个别学生开展一对一指导
		考研，出国，就业案例分析	让学生清楚未来可能的发展方向
		个人就业计划说明会	使学生树立较明确的就业目标
	下学期	我的优势与劣势主题班会	认识自己
		辅导员，班主任，专业教师交流会	交流学生的成长情况，及时发现问题对个别学生开展一对一指导
		个人发展说明会	认识自己
		学期末，就业、实习、升学动员会	让学生尽早进入实习状态

续表

时间		教育内容	作用
大四	上学期	毕业班学生动态调查	了解毕业生动态
		辅导员班主任交流会	了解毕业生动态
		针对性辅导特殊就业群体	
		班主任跟踪调查,与辅导员沟通情况	辅导员针对性辅导
		就业工作情况调查	了解毕业生动态,对有就业困难学生予以一对一辅导
	下学期	毕业班学生动态调查	了解毕业生动态
		辅导员班主任交流会	了解毕业生动态
		就业工作情况调查	了解毕业生动态,对有就业困难学生予以一对一辅导
		走访寝室,就业问题答疑	了解毕业生动态,有针对性对毕业生服务

附录四

专业教师就业工作推进时间表

时间		教育内容	作用
大一	上学期	专业领域的答疑	入学初,学生最感兴趣的就是专业学的什么,毕业后会从事什么样的工作,认识外部世界
		专业领域成功案例分析	培养学生的兴趣,增加学生的自信心
		辅导员,班主任,专业教师交流会	交流学生的成长情况,及时发现问题,对个别学生开展一对一指导
		学期末布置,行业情况发展调查作业	引起学生对本行业的关注,认识外部世界
	下学期	开学初收集行业发展调查作业并答疑	
		行业发展动态讲座	认知所在行业,认识外部世界
		辅导员,班主任,专业教师交流会	交流学生的成长情况,及时发现问题,对个别学生开展一对一指导
		专业领域成功案例分析,专业领域答疑	培养学生兴趣,增加学生的自信心
		学期末布置,行业情况发展调查作业	引起学生对行业的关注,认识外部世界
大二	上学期	行业动态报告	认知所在行业
	下学期	行业动态报告	认知所在行业

续表

时间		教育内容	作用
大三	上学期	行业发展动态研讨会，安排作业收集企业信息	加深对行业的认识，认识外部世界
		辅导员，班主任，专业教师交流会	交流学生的成长情况，及时发现问题，对个别学生开展一对一指导
	下学期	相关企业发展案例分析	增加对企业的了解，认知企业
		企业家论坛，讲座 企业与学生交流会	增加对企业和未来工作的认识，认知企业
		辅导员，班主任，专业教师交流会	交流学生的成长情况，及时发现问题，对个别学生开展一对一指导
大四	上学期	就业工作研讨会(分专业)	充分利用各方资源，为学生争取更多机会
		走访质量较好，用人需求量较大企业	建立长期合作模式，推介毕业生
	下学期	就业工作研讨会(分专业)	充分利用各方资源，为学生争取更多机会
		走访质量较好，用人需求量较大企业	建立长期合作模式，推介毕业生

附录五

就业服务类学生组织各部门职能

主席团职能	· 根据就业服务中心的指导精神，结合最新的工作方向，在各部提交的计划的基础上制定组织内部中长期计划。组织实施督促检查各部工作的进展情况，进行整体协调。 · 听取各部门工作汇报，进行全面的总结后，及时向指导老师汇报。 · 定期召开部长会议，协调重大工作事宜，根据工作需要主持召开全体成员会议，进行重大事情的工作安排。 · 根据组织内部主要干部和工作需要，讨论组织内部的人事变动。 · 定期向指导老师汇报工作。 · 每学期主席代表组织向全体成员做工作总结。
办公室职能	· 处理组织内日常事务。协调各部计划，及时了解各部的工作情况。 · 建立和健全各项规章制度，并监督实施。 · 负责召开部长(主任)会议，负责签到和会议记录。 · 负责建立组织内部成员档案、联系表，并在主席团讨论后，进行人员调整。 · 负责组织内各项活动的文字、图片等资料的收集和保存，并及时总结活动。 · 负责组织干部工作考核，做好年终总结。 · 负责成员证件的制作、发放、回收工作。 · 定期组织开展内部培训，增强成员的责任心。 · 每学期向主席递交工作报告。 · 负责协助各部派发报纸、刊物；维护网络论坛的各个板块；负责向各个部门提供相关信息、资料等；有提出建设性意见的义务，并负责从学生中广泛搜集问题、意见等。

续表

就业服务部职能	· 编辑出版《就业简报》、《就业指导报》、《就业之路》及相关出版物。 · 负责内外部会议及相关活动的报道。 · 协助各部完成相关文字处理工作。 · 经常与校内外相关单位、校友、职能部门进行经验交流。 · 每学期向办公室递交工作报告。
市场发展部职能	· 配合各部活动开展所需的外联工作。 · 通过多种途径，了解当前大学生就业需求、就业心态。 · 了解就业市场情况，联系用人单位，掌握人才需求。 · 联系、邀请校内外知名企业(机构)、校友、老师与大学生交流。 · 与国内各大就业网站、企业网站沟通就业信息、畅通信息渠道。 · 与其他院校相关学生团体(组织)进行交流合作。 · 每学期向办公室递交工作报告。
宣传部职能	· 以广告、板报、文章等形式向同学宣传国家、市里、学校的就业政策、法律、法规；向社会宣传学校的建设与发展，积极提高学校的社会知名度。 · 积极并及时配合职业发展中心各部的宣传工作。 · 每学期向办公室递交工作报告
办公室主任及各部部长职能	· 协助主席进行较大工作思路的制定。 · 总体负责本部工作，协调本部，负责本部成员与主席、指导老师的沟通。 · 负责提交部门内部人事建议。

附录六

班干部就业工作细则

主要工作内容	作用
新生素质拓展训练。	通过素质拓展使大一新生更快地互相熟悉，同时打造班级凝聚力，更帮助他们认知自我，了解兴趣、能力、特长等。
职业生涯规划，以课程和讲座的形式穿插进行。	帮助他们形成职业规划的意识，由远及近，做好职业规划、学业规划。
定期召开班级主题例会。	“一次班会认识一种职业”为主题开展活动，加深对专业的认识和了解。
组织开展暑期就业实践活动，结合专业需求，提前跟相关企业联系，确定实习时间，实习形式等。	扩展专业知识面，实现从理论学习到实践体验的转变。充分利用好假期的时间，使大家得到充分地锻炼。
选定两名就业联系人。	班级配备两名细致、踏实、认真的学生做就业联系人，男、女各一名，提高就业信息的上传下达的效率。
定期参加就业联系人例会，协助学院做好班级学生就业情况统计并接受就业指导、传达就业信息。做好班级就业摸底统计表。	服务于班级同学，及时传达就业信息，摸清每名同学的就业去向。
召开主题班会(可分求职简历制作、面试技巧、职场礼仪等主题)；邀请各专业优秀校友回校座谈，提高大家对职业前景的认知。	通过主题班会的形式，充分发挥班干部的模范作用，不断为大家普及求职面试的相关知识。

第三章　就业调研与理论研究标准

为了研判学校就业工作的基本形势，把握就业工作中的重点、难点问题，总结就业工作中的规律和经验，特制定就业调研与理论研究标准。

第一节　就业工作专题调研

第一条　每学年第二学期初，学校主管领导带领招生就业处、党委研究生工作部等单位，利用1周左右的时间对各学院进行专题调研，了解毕业生就业状况。主要包括已签约人数、比例；准备升学人数、比例；就业工作下一步安排等情况。

第二条　了解就业工作开展的情况。重点包括一把手工程实施情况，学院全员参与情况，责任落实情况，人才培养和就业工作的结合情况，今年的就业市场建设与开发维护情况；结合专业开展就业指导的内容、方式、效果、特色等。

第三条　分析就业工作中的重点、难点问题，特别是针对困难专业重点突破，拟采取的措施。

第四条　总结就业工作中遇到的新情况、新经验，听取对学校就业工作的建议。

第五条　形成年度调研报告。通过调研总结各学院就业工作的开展情况，针对反映出的困难和问题，提出推进毕业生就业工作的措施和建议。

第二节　用人单位需求调研

第六条　实地走访，了解用人需求。通过到用人单位实地走访，了解用人单位针对毕业生专业知识、综合素质等方面的需求及单位工作环境，有助于更好地指导就业工作。

第七条　及时回访，反馈学校人才培养。对已经到学校参加过招聘会的用人单位，及时通过电话、邮件、问卷等方式进行回访，了解毕业生工作情况，及用人单位满意情况，征求意见和建议。

第三节　毕业生择业就业状况调研

第八条　调查择业意向，明晰指导方向。每学年第一学期，针对大四学生进行择业意向调查，形成调研报告，帮助就业指导人员对毕业生进行分类别的就业指导。

第九条　了解就业情况，提高就业水平。针对即将毕业的毕业生，发放就业情况调查问卷，了解毕业生初次就业情况，掌握就业过程中遇到的问题和困难，听取毕业生对就业工作的意见和建议，有效推进就业工作开展。

第十条　跟踪调查分析，了解行业状况。通过对历年行业相关专业毕业生的调研，及时了解行业就业趋势。

第十一条　跟踪了解未就业毕业生情况，提出解决方案。

（执笔：翁婧）

附录

就业调研与理论研究时间推进表

时间	内容	执行人	监督人
9月中旬	学院就业工作专题调研。	学校主管领导、招生就业处、研工部、各学院	
9月	根据毕业生就业工作开展情况，申报、审批奖励范围及奖励内容。	校、院就业服务中心	
9月末	大四学生择业意向调查，形成调研报告，促进一对一就业指导。	校、院就业服务中心	
10月中旬	就业工作总结会，将9月调研成果集结成册，推进就业工作开展。	招生就业处、研工部、各学院	
10月中旬—次年6月	毕业生就业状况摸底（每月底上报一次），以及时掌握毕业生签约、升学比例，了解其下一步就业意向并予以针对性指导。	院就业服务中心	
	大四学生签约意向调查，形成调研报告。	校就业服务中心	
7—8月	跟踪调查毕业生就业状况，掌握行业就业情况及趋势。	院就业服务中心	

第四章　就业工作理论文章和成果奖励标准

为了鼓励广大就业工作人员，积极参与就业工作，开展就业理论与实践的探索，提升就业工作的水平，特制定就业工作理论文章和成果奖励标准。

一、奖励范围及层次

1. SCI、EI、ISTP 收录论文

2. 核心期刊(以“中文核心期刊要目总览”、“中文社会科学引文索引(CSSCI)来源期刊”、“中国科技论文统计源期刊”、“中国人文社会科学核心期刊”、“中国科学引文数据库(CSCD)来源期刊”、“中国人文社科学报核心期刊”、“中国核心期刊遴选数据库”等国内 7 大核心期刊遴选体系为标准)；

3. 非核心期刊(包括国家级刊物和其他非国家级刊物)。

(1)国家级刊物指由党中央、国务院及所属各部门，中国科学院、中国社会科学院、各民主党派和全国性人民团体主办的期刊及国家一级专业学会主办的会刊。另外，明确标有“全国性期刊”字样的刊物也可视为国家级刊物。

(2)其他非国家级公开出版刊物，包括地方性、行业性期刊等。

4. 各类论文集

各类论文集包括会议论文集或其他专题研究论文集等。

二、奖励标准

针对以上四类论文按照不同层次给予第一作者 100～2 000 元的一次性奖励，对于第二及以后的作者给予不高于第一作者 50%的奖励(具体奖励标准根据自身情况拟定)。

三、注意事项

(1)所有在受奖范围的论文均需在公开出版刊物上正式发表(各类论文集除外)，含增刊，不含各类图书、教材、手册、报纸等。

(2)符合多种奖励标准的论文，每篇仅按最高标准受奖一次，不得重复受奖。

(3)奖励每年进行一次，按论文发表的自然年计算。

(执笔：翁婧)

第四篇

就业信息服务和就业事务

第一章　就业信息服务工作标准
第二章　就业事务管理与服务工作标准
第三章　毕业生就业数据统计、分析、报送标准
第四章　就业服务中心综合服务大厅日常管理标准

第一章　就业信息服务工作标准

为提高工作效率，克服时空限制，更好地服务广大同学就业，加强我校就业工作信息化建设，特制定学校就业信息化服务标准。

第一节　定位和目标

第一条　标准定位。就业信息化就是充分利用信息技术，开发适应今后一段时期工作的信息系统，整合信息资源，促进信息交流和知识共享，将现代化的通讯、计算机和网络技术合理应用于学校就业指导和服务工作中。制定就业信息化服务标准旨在总结学校就业工作长期实践经验，将就业信息化服务具体工作落到实处，明确工作时间节点、工作内容和具体操作方案，做到就业信息化服务工作标准化管理和实施。

第二条　目标任务。实施就业信息化服务标准，建立以学校为统筹指导，各学院协同推进的就业信息化服务标准化实施体系，确保就业指导和服务过程快捷和高效。各学院要把实施标准和学院具体情况有机结合，以“就业信息化体系建设”为重点，落实现代信息技术在就业指导和服务各项工作中的具体应用，深入开发广泛利用信息资源，加快实现就业工作信息化进程。

第二节　就业服务信息化

第三条　毕业生就业信息采集管理。建立应届毕业生就业信息登记数据库，督促毕业生完成网上简历的录入、就业去向信息的填写。为就业指导、网上招聘、毕业生派遣做好信息采集工作，做到毕业生就业信息采集完整、查询便捷、管理高效。

第四条　毕业生就业去向调查统计。进行毕业生就业意向和毕业去向落实情况调查。毕业生就业意向和毕业去向落实情况调查工作持续全年，要求每月对当前不同就业意向的毕业生进行摸底调查，同时根据具体的时间节点如保研结束、考研结束、就业高峰期等采用电话沟通的方式做好信息的即时补充。

第五条　招聘(会)信息收集发布。招聘信息(包括实习信息)的发布方式主要包括用人单位网上录入和就业专职教师录入。用人单位通过注册就业信息网，通过网络发布招聘信息、预约专场招聘会以及报名参加学校大型双选会。就业专职教师应利用招聘网站、单位沟通等方式收集与专业相关的招聘信息，通过 PC 系统平台、移动终端和其他渠道进行发布。完整的招聘信息应包括：所属行业、单位性质、单位名称、公司简介、具体职位、职位要求、联系方式、工作地点、招聘信息来源、涉及专业等。信息要具备时效性、权威性、准确性，信息发布时间至少提前三天，做到一般信息和重点信息有区分，不同类型单位招聘信息有区分。

第六条　用人单位库信息收集整理。用人单位库的信息收集整理可通过以下途径：用人单位就业系统注册、就业专职教师录入、毕业生就业信息数据中采集。采集的用人单位库应至少包括以下信息：单位名称、单位联系人、职务职称、联系电话、电子信箱、企业性质、企业规模、单位所在地等。单位名录要求：信息完整、随时更新，按照单位类型分类，做到重点单位与一般单位区分，分级管理。

第七条　就业服务管理体系信息化。校园就业服务管理模式一般采用一级管理或二级管理模式。一级管理模式只存在一级管理员即校级管理员，管理相对简单。在二级管理模式中，由学校就业中心授权各学院管理员审批管理，通过校院两级管理员共同承担管理职责。例如在招聘活动中，采用一级管理模式，所有企业都是由校级管理员管理，而在二级管理模式中，将企业划分为院级管理企业和校级管理企业由不同级别的管理员进行管理，实现学院与相关重点企业的无缝对接。在毕业生就业数据的审核中同样可以采用一级或二级管理模式，一级管理模式只存在一级审核，二级管理模式则由学院管理员对本学院的学生进行初审，学校管理员进行终审。

第八条　就业信息工作人员的培训。每年针对新入职的就业专职人员进行就业信息系统培训，让管理员充分了解系统的用人单位端、学生端、管理员端的使用及注意事项。

第三节　职业发展信息化

第九条　知识学习。通过网页平台发布关于职业发展和就业能力提升的相关政策、知识和经验。内容包括：就业政策相关资讯、职场点金就业能力锻炼、职业资格证书介绍、优秀案例经验分享（包括保研、考研、求职、出国，形式为文字形式和视频形式两类）、创业政策宣传等。

第十条　职业测评及辅导。通过网络系统平台完成学生职业生涯相关测评，让学生通过职业生涯测评系统全面认识自我、明确人生目标定位、了解针对性职业、制定生涯发展规划。同时学校通过系统进行一对一职业咨询辅导和咨询结果反馈。

第十一条　活动信息发布。根据学生职业发展和就业能力培养的环节和时间节点针对不同群体举办一些相关活动，要求活动覆盖不同群体满足不同需求，发布的时间要在活动举办前一周。

第四节　校友反馈信息化

第十二条　校友招聘信息发布。校友在工作单位能较早地了解到就业信息，通过就业系统进行发布。

第十三条　校友反馈工作状况。通过校友网络反馈系统，对校友信息的更新和校友对学校就业工作的情况进行一定的反馈，促进在校同学对用人单位的了解，同时也促进学校就业工作的开展。

第五节　信息化安全措施

第十四条　建立行之有效的长期安全管理机制，公开的信息中学生及单位的个人私密信息做到保密，用户名密码等相关登录信息做到妥善保管。

第十五条　在学生中加大网络信息安全教育，培养自我信息保护意识。

第十六条　就业信息化领导小组全体成员不得因任何原因随意泄露系统相关统计信息和学生个人信息。

第十七条　加大计算机网络安全协议实施，保护网络信息不受黑客侵犯和非法利用，设置相关系统登录条件为：仅校内网。

第十八条　建立健全责任制，使从事就业信息化服务的工作人员人人理事，岗岗有责。以此规范管理和学生行为，减少网络招聘、求职欺诈行为，提高网站的利用率。

（执笔：房薇　刘丽萍　王兆龙　李军　陈新畅）

第二章　就业事务管理与服务工作标准

毕业生就业流程包含签约、解约、派遣、改派等手续，每一项手续办理都有其相对应的规范管理制度，以确保工作的顺利开展。

第一节　签约流程

第一条　按《普通高等学校毕业生就业工作暂行规定》和教育部的有关要求，为维护国家就业方案的严肃性，明确毕业生、用人单位、学校三方在毕业生就业工作中的权利和义务，毕业生、用人单位、学校三方签订《全国普通高等学校毕业生就业协议书》（以下简称“协议书”）。

第二条　毕业生签约流程：

1. 毕业生通过双向选择等多种择业方式确定接收单位。单位同意接收后，开具单位用人证明或填写《北京地区普通高校毕业生就业推荐表》下方的“用人单位回执”并加盖公章。

2. 毕业生凭“单位用人证明”或“用人单位回执”到所在学院就业服务中心领取协议书，并填写协议书上“毕业生情况及意见”。用人单位填写协议书上的“用人单位情况及意见”，并在“用人单位意见”一栏签字盖章。

3. 毕业生登录学校就业信息网进行“就业数据上报”，填写相关信息并提交后，到学院就业服务中心办理签约手续。学院就业服务中心审核毕业生网上的信息并提交后，在协议书“院（系、所）意见”一栏签字盖章。

4. 毕业生到学校就业服务中心，学校就业服务中心审核学院意见后，锁定信息，并在“学校毕业生就业部门意见”一栏签字盖章后，协议书签订完成。

第三条　相关说明：①每名毕业生只能有一份协议书，协议书为一式三联，签约完毕后，学校、用人单位、毕业生各留存一联（详见协议书左下角标注）；②协议书是派遣毕业生户口和档案关系的依据，毕业生与用人单位达成签约意向前，请务必询问清楚该单位能否接收毕业生的户口和档案关系；如用人单位不能接收，学校将无法派遣，毕业生也就不需与该单位签订协议书。

第二节　解约流程

第四条　解除就业协议是毕业生就业过程中出现的一个具体而典型的问题，处理不好不仅会给用人单位的人事聘用工作带来麻烦，影响学校和毕业生的声誉，也会影响学校与用人单位的合作关系，给学校今后毕业的学生造成不良影响。

第五条　毕业生每人仅可领取一份《北京地区普通高校毕业生就业推荐表》（以下简称“推荐表”）以及《全国高等学校毕业生就业协议书》（以下简称“协议书”）。协议书中毕业生、用人单位或学校就业服务中心其任何一方签署意见并盖章后即生效；推荐表中的用人单位回执一经用人单位签署意见并盖章后即生效。

第六条　由于毕业生个人原因需要解除协议的，必须征得单位、学院和学校的同意，并需要单位开具同意解除就业协议的书面证明；由于单位原因解除协议的，需要单位开具“由于单位××原因需要解除协议的情况说明”，方可办理。

第七条　由于任何原因需要领取第二份协议书和推荐表的，必须取得学院、学校就业服务中心的同意。各学院不得随意发放第二份协议书和推荐表；毕业生须办理完解除第一份就业协议的相关手续之后，方可领取第二份协议书和推荐表。

第八条　毕业生解约流程：

1.毕业生办理解除就业协议手续必须备齐的材料：①原就业协议书；②原就业推荐表；③原单位同意解除协议的书面证明(或“由于单位××原因需要解除协议的情况说明”)；④《北京林业大学××××届毕业生解除就业协议登记表》一式两份，学院、学校各留存一份。

2.毕业生持上述材料到学院就业服务中心，由学院党委副书记审核材料、同意办理后在《北京林业大学××××届毕业生解除就业协议登记表》(一式两份)的“学院就业工作领导小组意见”一栏签署意见并加盖公章；毕业生将上述材料统一交至学校就业服务中心；学校就业服务中心主管领导审核材料并签署意见，同意办理后，为毕业生发放第二份就业推荐表和协议书，同时在“就业数据上报系统”上为该生解锁。

第三节　出国手续办理流程

第九条　申请出国留学或到国外工作(包括申请去港澳台地区)的毕业生，应在毕业年份的集中派遣工作期间，到学院就业服务中心办理出境登记。对于在学院就业服务中心办理了出境登记的毕业生，学校将按出国毕业生将其列入就业方案上报上级主管部门。

第十条　出国毕业生的档案由本人联系人才机构存放，并将调档通知单上交学校就业服务中心，以便学校将其档案转出；出国毕业生如要将户口、档案迁至教育部留学服务中心，务必在学校进行集中派遣之前(每年6月中旬，另见当年具体通知)将该中心同意迁入其户口、档案的介绍信交到学校就业服务中心，否则出国毕业生的档案将转回生源地毕业生就业主管部门，户口按其在学院就业服务中心办理出境登记时提供的家庭户口本首页复印件上的地址转回其生源地。

第十一条　在学院就业服务中心办理了出境登记的毕业生，如在学校进行集中派遣之前落实了工作单位且签署就业协议书的，则学校不再视其为出国毕业生，并将依据就业协议书派遣。

第四节　户档缓派申请流程

第十二条　符合申请户口、档案暂缓派遣条件的毕业生可以按学校、学院的相关要求，在规定时间内申请办理户口、档案暂缓派遣。

第十三条　毕业生符合以下情况之一的，可以申请户口、档案暂缓派遣：

情况1：已签约单位或已有签约意向单位，单位正在为毕业生办理落户指标审批等相关手续中，在学校集中派遣户口档案之前单位办理不完相关手续，由单位出具书面证明，需要户口、档案暂缓派遣的。

情况2：已经通过国家公务员、地方公务员、事业单位、地方选调生等录用考试，正在面试、政审或待分配过程中，凭单位证明或面试通知或录用名单等材料可以申请户口、档案暂缓派遣。

情况 3:有相关单位证明材料需要缓派的其他特殊情况。

不在以上情况范围之内的毕业生不可以申请办理户口、档案暂缓派遣,没有任何就业去向的毕业生,学校将按各省(自治区、直辖市)相关文件,将毕业生户口、档案“二分”回生源地。

第十四条 申请方法:

1. 毕业生可在规定时间内持单位证明、家庭户口本首页复印件等材料到所在学院就业中心提出申请(具体时间安排以各学院通知为准),经学院毕业生就业工作领导小组同意后,在学院签署《北京林业大学××××届本科毕业生申请暂缓派遣档案、户口协议》一式三份。学院统一盖章后,到学校就业服务中心统一审核盖章,盖章生效后,学校、学院、毕业生各留一份。

2. 申请完毕后,毕业生需在规定时间内(具体时间安排以各学院通知为准)到学校就业信息网就业数据上报系统自行填报数据。

第十五条 申请须知:

按教育部及公安部相关规定,毕业生档案、户口暂存学校期间,只能办理与就业相关的手续(即将户口、档案派遣到接收单位或转回生源所在地),其他情况均不能使用在校暂存的档案和户口,学校也无法出具档案、户口的相关证明材料(即档案、户口将处于被冻结状态),具体说明如下:不开具保险、结婚、生育、升学、购房、无犯罪记录、亲属关系、学历、经历、财产继承等各种证明;无法办理护照、港澳通行证;无法办理结婚登记和生育手续;丢失身份证无法补办;考取研究生后不能直接将户口、档案派往录取院校,户档需先转回生源地。出国留学归国的,不能直接将户口、档案派往接收单位,户档也需先转回生源地;户档缓派毕业生经本人申请一旦将户档迁出后,不允许再办理改派调整手续。

第十六条 保留期限:

毕业生申请户口档案暂时保留在学校的期限是毕业生毕业当年的 12 月 31 日,请毕业生于此日期之前联系学校就业服务中心办理户口档案迁出手续,逾期没有办理的,学校将按各省(自治区、直辖市)相关文件,将毕业生户口、档案“二分”回生源地。

第十七条 未尽事宜请咨询所在学院就业中心老师,或学校就业服务中心。

第五节 缓派毕业生户档迁出手续办理流程

第十八条 毕业前办理了户口、档案暂缓派遣的本科毕业生,按照缓派协议规定,应在毕业年份的 12 月 31 日前办理户口、档案迁出手续。

第十九条 办理流程:

1. 有接收单位的毕业生:凭用人单位接收函或就业推荐表回执,到所在学院领取就业协议书(即三方协议),与用人单位签订就业协议书;持就业协议书到学校就业服务中心办理签约登记手续,同时填写取消缓派申请表;学校就业服务中心于每周二到北京高校毕业生就业指导中心办理派遣手续,给保卫处提交户口迁出名单,给档案室提交档案转寄名单;毕业生可以于办理取消缓派手续后的周三及以后到学校就业服务中心领取就业报到证,到保卫处领取户口迁移证,档案由档案室统一通过机要局转寄;毕业生持就业报到证、户口迁移证在有效期内到单位报到、落户。

2. 没有接收单位的毕业生:到学校就业服务中心填写取消缓派申请表,接收报到证、档案的单位为各省市高校毕业生就业主管部门,户口根据毕业生实际情况转回原迁出地或生源地毕业生就业主管部门;学校就业服务中心于每周二到北京高校毕业生就业指导中心办理派遣手续,给保卫处提交户口迁出名单,给档案室提交档案转寄名单;毕业生可以于办理取消缓派手续后的周三及以后到学校就业服务中心领取就业报到证,到保卫处领取户口迁移证,档案由档案室统一通过机要局转寄;毕业生持就业报到证、户口迁移证在有效期内到生源地相关机构办理报到、落户手续。

第六节 改派流程

第二十条 改派是在学校上报就业方案和主管部门核发报到证后,毕业生进行就业单位及地区调整的一种做法。依据就业协议编制的毕业生就业方案上报国家教育部后,学校、毕业生和用人单位必须严格执行协议,不得擅自更改。毕业派遣后因特殊情况,不履行原就业协议,需要办理改派的,须在毕业后一年内(毕业时未落实单位,"二分"回生源地的,改派期为两年)提交申请书和相关证明材料,由招生就业处就业服务中心上报北京市教委,经审查同意后方可办理,违约责任由违约方承担。

第二十一条 毕业生办理改派手续必须备齐的材料:原单位同意解除就业关系的退函(加盖公章)(原就业形式为二分的,不需要此项);原就业报到证(一式两联,自己领到的蓝联和档案中的白联);与原单位签订的就业协议书(一式两联,毕业生和用人单位的两联)(未签订过就业协议书的,不需要此项);个人改派申请表(见附录),学院就业工作领导小组签署意见并加盖公章;与新单位签订的就业协议书(一式三联)(若无单位接收,改派回原籍毕业生就业主管部门,则无需此项);以上材料不备齐的不予办理。如还未落户且需要改迁户口的,需交回原户口迁移证。(如需改迁回生源地的,需提供家庭户口本首页复印件。)

第二十二条 毕业生办理改派手续的程序:毕业生将上述材料准备齐后上交学校就业服务中心,经学校就业工作领导小组审核后,报北京市教育委员会审批,北京市教育委员会审批通过后,方可办理改派手续;如办理改派时还未在原单位办理落户手续的,需持原户口迁移证到学校就业服务中心开具户口改迁证明,通过学校保卫处到东升派出所更改户口迁移证(户口改迁回京的,需要个人到北京市公安局办理入户通知单;跨省改迁户口的,需要个人到海淀公安分局办理入户通知单);如已经在原单位办理落户的,则由毕业生本人负责到原落户派出所办理户口迁出手续。

第二十三条 改派期限及其他相关规定:

1. 根据有关规定,毕业生办理改派手续的期限应在毕业生自第一次派遣离校之日起的一年之内(例如:2014 届毕业生的毕业派遣日期为 2014 年 7 月 1 日,则改派截止日期为 2015 年 6 月 30 日),且每名毕业生只可改派一次;凡超过改派期限者,学校无法办理改派手续,如需调换工作,请直接与当地人事部门联系,按在职人员有关规定办理调动事宜。

2. 另据北京市规定,已派遣单位的,改派不可以进京。毕业离校时二分回生源地,后又在毕业当年年底 12 月 31 日前签约北京单位且已拿到人社部或北京市人社局接收函的,可以办理改派回京。

第七节 报到证遗失证明的办理流程

第二十四条 就业报到证是毕业生到用人单位报到和办理入户手续的凭证,毕业生应妥善保管好报到证。

第二十五条　就业报到证若有遗失，按如下程序办理：

1. 毕业生持个人补办报到证书面申请到学校就业服务中心办理《关于办理毕业生就业报到证遗失证明的申请》。由接收单位遗失的需附单位相关部门的文字说明。

2. 毕业生持学校开具的《关于办理毕业生就业报到证遗失证明的申请》到北京高校毕业生就业指导中心办理《北京市教育委员会关于遗失毕业生就业报到证的证明》，办理时还需携带毕业生本人身份证复印件，委托他人办理的还需携带委托人身份证复印件。

3. 办理费用由北京高校毕业生就业指导中心按相关规定收取。

第八节　就业推荐表的规范管理

第二十六条　按照北京市教育委员会的有关要求，为进一步完善毕业生就业工作流程，加强规范化管理，做好毕业生就业推荐表的管理工作，特制定本规定，请各学院严格执行。

第二十七条　就业推荐表的领取与发放：

1.《20××届北京地区普通高校毕业生就业推荐表》由北京市教育委员会统一印发。按教委通知，北京地区各高校每年9月份开始上报需求数量，10月份以后统一到北京高校毕业生就业指导中心按数量领取。

2. 各学院统计需要领取的推荐表数量(毕业生总人数－保研人数－定向人数)，统一到学校就业服务中心领取并登记。推荐表必须由各院专职就业工作人员到学校就业服务中心领取，同时签字确认领取推荐表的数量和编号。

3. 各学院将就业推荐表以班级为单位发放给班级负责人，同时让班级负责人在以班级为单位的推荐表领取登记表上签字。(学院可自行掌握将毕业生姓名、培养方式、就业范围、学校就业部门名称、联系人、联系电话、传真等字段统一填写完整并登记每名毕业生对应的推荐表编号后发放给毕业生，亦可将填写样表、填写说明等材料放到学院网站或发放到班级、宿舍，通知毕业生自行填写，统一收回后再登记每名毕业生对应的推荐表编号。)

4. 毕业生填写完整个人信息后，以班级为单位收齐统一交到学院。各学院审核毕业生所填信息无误后，在院(系、所)意见一栏签署意见、日期，并盖学院就业工作专用章或院党委章。

5. 各学院将推荐表全部收齐并盖完章后，统一交到学校就业服务中心，学校就业服务中心复查毕业生信息无误后盖学校就业服务中心公章。

6. 各学院取回盖完章的推荐表后，可统一保管，待毕业生需要时领取，亦可即时以班级为单位发放到毕业生个人手中。

第二十八条　就业推荐表的管理与使用：

1. 每名非定向毕业生有且仅有一份就业推荐表，学校和学院需告知毕业生务必妥善保管，谨防填错或丢失，丢失不补，填错不换。

2. 就业推荐表原件仅限毕业生交给最终能够接收毕业生人事档案和户口关系的签约单位，用人单位填写推荐表下方的用人单位回执并加盖单位人事部门公章。

3. 毕业生持用人单位盖章的回执到学院领取就业协议书(学院务必将“用人单位回执”或“单位用人证明”做好留存，以备核对回执单位与签订就业协议单位是否一致，如不一致，不予办理)。

第二十九条　特殊情况的处理：

每名非定向毕业生有且仅有一份就业推荐表，如遇填写错误、遗失、违约等特殊情况，毕业生落实签约单位要用到推荐表时，必须要申领第二份的，按以下方法办理，任何学院不得擅自发放第二份推荐表。

1.推荐表遗失的。毕业生需持遗失情况说明（因单位原因遗失的，需提交单位盖章的书面情况说明；因个人原因遗失的，需提交个人书面情况说明）和个人补领申请先到学院签署意见并盖章（学院做好登记备查），再到学校就业服务中心领取第二份就业推荐表。

2.推荐表有内容填写错误的。毕业生需持填写有误的原推荐表和个人换领申请到学院签署意见并盖章（学院做好登记备查），再到学校就业服务中心换领第二份推荐表。

3.毕业生放弃研究生保送资格，打算签约就业单位的。毕业生需持有学院和研究生录取单位盖章的放弃保研资格的书面证明和个人补领推荐表申请，先到学院签署意见并盖章（学院做好登记备查），再到学校就业服务中心领取就业推荐表。

4.涉及违约需申领第二份推荐表。包括毕业生与用人单位已签订就业协议，或未签订就业协议但用人单位已填写回执并盖章的，严格按照《北京林业大学关于毕业生解除就业协议的有关规定》执行。

第九节　就业协议书的规范管理

第三十条　就业协议书是普通高校毕业生与用人单位在正式确立劳动人事关系前，经双向选择，在规定期限内就确立就业关系而达成的书面协议，是学校编制和上报就业方案、派遣毕业生档案、户口的重要依据。根据国家和北京市关于做好普通高校毕业生就业工作的政策要求，为确保就业协议书的严肃性，加强规范化管理，特制定本规定，请各学院严格执行。

第三十一条　就业协议书的领取与发放：

1.《北京地区普通高校毕业生就业协议书》由北京市教育委员会统一印发。按教委通知，北京地区各高校每年9月份开始上报需求数量，10月份以后统一到北京高校毕业生就业指导中心按数量领取。

2.各学院自行统计需要领取的数量，统一到学校就业服务中心领取并登记。第一次领取的数量为（毕业生总人数－保研人数－定向人数）×40％，之后按多退少补的原则进行管理。协议书必须由各院专职就业工作人员到学校就业服务中心领取，同时签字确认领取协议书的数量和编号。

3.毕业生持单位盖章的就业推荐表下方的“用人单位回执”或“单位用人证明”到学院领取就业协议书。学院须对每份就业协议书的发放与签订进程做好详细登记，登记发放给每名毕业生的协议书编号及“用人单位回执”或“单位用人证明”的单位名称，务必使发放的协议书与毕业生一一对应，避免出现代领、冒领、重复领取等情况。

第三十二条　就业协议书签订流程的管理：

1.就业协议书的签订流程是：毕业生本人填写完整“毕业生基本情况”并签署“毕业生意见”—用人单位填写完整“用人单位基本情况”并在“用人单位人事部门意见”处签字盖章—毕业生本人到学校就业数据上报系统提交完整数据—学院审核系统数据无误后，填写“学校基本情况”并在“毕业生所在院（系）意见”处签字盖章—毕业生本人持协议书到学校就业服务中心，学校就业服务中心审核系统数据后锁定，并在“学校毕业生就业主管部门意见”处签字盖章—（无人事权的用人单位，还需要加盖上级主管部门人事公章或单位委托的人事代理机构公章）—学校、用人单位、毕业生本人分别留存第一、第二、第三联。

2.学院须在用人单位基本情况填写完整并签字盖章，且审核毕业生在学校就业数据上报系统提交的数据无误后，再签字盖章。“毕业生所在院（系）意见处”须有学院完整的意见、负责人签字、公章（学院毕业生就业工作专用章或院党委章）和签署日期。

第三十三条 特殊情况的处理：

1.用人单位要求学院、学校在就业协议书上先盖章的情况。

对于用人单位未填写完整档案、户口转寄地址或未签字盖章的，学院、学校原则上不予办理签字盖章手续。个别单位确实需要学院、学校提前盖章的，须由学院核实情况后，先与学校进行沟通，经学校同意后方可予以办理。学院和学校在提前签字盖章的同时，要在签约登记表上标注“协议未返回”等字样，并督促毕业生在用人单位盖完章后及时到学校就业数据上报系统填报数据，并将协议书第一联返回学校。

2.用人单位不能解决毕业生户档关系仍要求与毕业生签订就业协议的情况。

就业协议书是派遣毕业生档案和户口的依据，如用人单位不能接收毕业生的档案、户口，也不能通过人才机构接收毕业生的档案、户口，学校将无法进行派遣，毕业生也就无须与该单位签订就业协议书。

对于不能解决毕业生户口档案关系的用人单位，学院有权不发放就业协议书，但务必要与毕业生和用人单位解释清楚原因，以避免造成不必要的矛盾和纠纷。若用人单位再三强烈要求与毕业生签订就业协议书，学院可视用人单位情况处理，对于非签不可的单位，也只能在协议书上盖学院章不能盖学校章，并且在学院意见处写明：“此协议不作为学校派遣依据，学校不参与签约及解约意见，涉及违约等事宜由违约方承担责任。”

3.毕业生需要申领第二份就业协议书的情况。

每名毕业生只能签订一份就业协议书，如遇协议书遗失、填错、解除等情况需要领取第二份协议书的，必须到学校就业服务中心办理补领、换领、解约等手续，学院不得擅自发放第二份协议书。

①协议书在签订过程中遗失需补领的。毕业生需持遗失情况说明（因单位原因遗失的，需提交单位盖章的书面情况说明；因个人原因遗失的，需提交个人书面情况说明）和个人补领申请先到学院签署意见并盖章（学院务必核实并注明原签约单位名称，并做好登记备查），再到学校就业服务中心领取第二份就业协议书。

②协议书内容填写有误需要换领的。毕业生需持填写有误的原协议书（三联）、填错情况说明（单位名称有更改的，必须提交单位盖章的书面情况说明；个人信息填写有误的，需提交个人书面情况说明）和个人换领申请到学院签署意见并盖章（学院务必核实并注明原签约单位名称，并做好登记备查），再到学校就业服务中心换领新就业协议书。

③因违约等情况申领第二份协议书的，严格按照《北京林业大学关于毕业生解除就业协议的有关规定》执行。（包括毕业生已与不解决户档关系的单位签订了就业协议书，后又欲与其他能够解决户档关系的单位签约的情况。）

第三十四条 就业协议书的管理可以体现一个学院就业工作的规范程度，学校将此项工作作为衡量学院就业工作的一项重要内容，请各学院务必对就业协议书的发放与使用严格管理。每年集中派遣后，学校就业服务中心将与各学院核对协议书的领取和使用份数，对于违反规定的学院给予通报批评并取消年度评优资格。

（执笔：翁婧 刘芳）

附录一

北京林业大学 20 ______ 届本科毕业生解除就业协议申请表

<table>
<tr><td>姓　　名</td><td></td><td>性　　别</td><td></td><td>专　　业</td><td></td></tr>
<tr><td>学　　号</td><td></td><td>生源地区</td><td></td><td>联系方式</td><td></td></tr>
<tr><td rowspan="2">原接收单位</td><td>单位名称</td><td colspan="4"></td></tr>
<tr><td>单位所在地</td><td colspan="4">省、市、自治区　　　　市(区)　　　县</td></tr>
<tr><td rowspan="2">现接收单位</td><td>单位名称</td><td colspan="4"></td></tr>
<tr><td>单位性质</td><td colspan="4">省、市、自治区　　　　市(区)　　　县</td></tr>
<tr><td rowspan="2">解除协议原因</td><td colspan="5">原因：1. 单位原因 □　　2. 个人原因 □</td></tr>
<tr><td>具体情况说明</td><td colspan="4"></td></tr>
<tr><td>附件</td><td colspan="5">1. 原就业协议书；
2. 原毕业生推荐表；
3. 原单位同意解除协议的证明；
4. 其他说明材料。</td></tr>
<tr><td>学院就业工作领导小组意见</td><td colspan="5">负责人签字：　　　　日期：　　　　盖章</td></tr>
<tr><td>学校就业工作领导小组意见</td><td colspan="5">负责人签字：　　　　日期：　　　　盖章</td></tr>
</table>

注：此表一式两份，一份交学院就业工作主管部门留存，一份交学校就业服务中心。

附录二

北京林业大学20 ______届本科毕业生改派申请表

<table>
<tr><td>姓　　名</td><td></td><td>性　　别</td><td></td><td>学　　院</td><td></td></tr>
<tr><td>学　　号</td><td></td><td>生源地区</td><td></td><td>专　　业</td><td></td></tr>
<tr><td>身份证号</td><td colspan="3"></td><td>联系方式</td><td></td></tr>
<tr><td rowspan="2">原签约
单位</td><td>单位名称</td><td colspan="4"></td></tr>
<tr><td>单位所在地</td><td colspan="4">省（市）　　　　市（区/县）</td></tr>
<tr><td rowspan="2">现接收
单位</td><td>单位名称</td><td colspan="4"></td></tr>
<tr><td>单位所在地</td><td colspan="4">省（市）　　　　市（区/县）</td></tr>
<tr><td>是否需要
改迁户口</td><td>□是
□否</td><td colspan="4">改迁详细地址：</td></tr>
<tr><td>目前档案
所在地</td><td>□在本校
□不在本校</td><td colspan="4">现接收档案单位：
现接收档案单位所在地：　　　省（市）　　　市（区/县）</td></tr>
<tr><td>改派原因及
情况说明</td><td colspan="5">申请人签字　　　　　　　　　　　　　　　　　　　　年　月　日</td></tr>
<tr><td>学院就业
工作领导
小组意见</td><td colspan="5">负责人签字　　　　　盖章　　　　　　　　　　　　　年　月　日</td></tr>
<tr><td>学校就业
工作领导
小组意见</td><td colspan="5">负责人签字　　　　　盖章　　　　　　　　　　　　　年　月　日</td></tr>
</table>

第三章　毕业生就业数据的统计、分析、报送标准

毕业生就业数据的统计分析和报送大致包括以下几部分：本科毕业生去向落实情况摸底调查统计（周报）；毕业生就业进展情况月度报送；本科毕业生签约问卷调查统计；本科毕业生择业意向调查统计；本科毕业生就业状况白皮书等。为了及时了解毕业生就业的状况，加强就业工作的针对性，必须开展毕业生就业数据的统计、分析和报送工作。

第一节　本科毕业生去向落实情况摸底调查统计（周报）

第一条　时间：第二学期开学后第三周起（约 3 月初）开始统计并报送，每周三报一次。报送截止到 6 月中旬。

第二条　统计内容：各学院、各专业的毕业生人数、已保送研究生人数、已考取研究生人数、已申请出国人数、已签就业协议人数（其中村官人数单列）、有回执签约中人数、志愿服务西部人数、征兵入伍人数、仅签劳动合同人数、签约率、仅有单位用人证明人数、自由职业人数、自主创业人数、灵活就业率、有意向在考虑人数、就业人数合计、就业率、在京待就业人数、京外待就业人数、待就业率、打算继续考研人数、继续申请出国人数、不就业率。

第三条　报送流程：①学院就业工作专职人员下载“××××届本科毕业生去向落实情况摸底调查统计表—模板”，依据学院实际就业情况，填写表内详细数据并于周三下午下班前上传至数据系统；②学校就业服务中心将各学院的摸底数据汇至总表，并加入去年同期数据，以形成对照，各数据汇总并核对无误后打印；③将摸底统计汇总表报送至主管学生、教学工作的校领导、招生就业处处长，以及各学院的院长、书记、主管学生工作的分党委副书记。

第二节　本科毕业生择业意向调查问卷统计

第四条　时间：9、10 月份。

第五条　填报人：大四毕业生。

第六条　调查内容：详见附录《北京林业大学本科毕业生择业意向问卷调查》。

第七条　统计报送：学校就业服务中心于毕业生离校后，依据调查问卷填写情况，分学校、学院、专业进行数据的统计分析，制作《××××届本科毕业生择业意向问卷统计结果》，并于就业工作会时，将结果报送至主管学生、教学工作的副校长、招生就业处处长，以及各学院主管学生工作的分党委副书记。

第三节　本科毕业生签约情况调查问卷统计

第八条　时间：大四毕业生登录就业信息网，进行就业数据上报时填写。

第九条　填报人：已落实工作单位的毕业生（包括以“签就业协议”、“签劳动合同”、“单位

用人证明"、"自由职业"、"自主创业"等形式就业的毕业生）。

第十条　调查内容：详见附录《北京林业大学本科毕业生签约情况调查问卷》。

第十一条　统计报送：学校就业服务中心于毕业生离校后，依据调查问卷填写情况，分学校和学院进行数据的统计分析，制作《××××届本科毕业生签约问卷统计结果》，并于就业工作会时，将结果报送至主管学生、教学工作的副校长、招生就业处处长，以及各学院主管学生工作的分党委副书记。

第四节　本科毕业生就业状况白皮书

第十二条　时间：约10月份，就业工作会前夕。

第十三条　主要内容：学校就业服务中心将一学年的就业工作进行总结，对这一学年的毕业生就业情况、就业数据进行横向、纵向的对比，主要包括各学院、各专业之间的签约、就业情况、数据的对比，以及年度间的数据对比。通过统计分析，为下一阶段的就业工作提供一些数据支持和帮助。

第五节　本科毕业生就业质量年度报告

第十四条　时间：约1月底，发布上一年度的毕业生就业质量年度报告。

第十五条　主要内容：充分、客观地反映毕业生就业的基本情况。包含对毕业生就业基本情况的相关分析，以及就业工作的主要特点、毕业生就业状况的发展趋势和对教育教学的反馈等方面情况。其中，需要注明时间节点，发布分院系、分专业的就业状况、就业率和分专业就业率统计数据，且要对高校毕业生就业地域、行业分布等进行多维度分析。要结合实际，突出学校在鼓励毕业生基层就业、自主创业、加强就业指导服务、就业反馈教育教学等方面的特色和经验做法。

（执笔：刘芳）

附录一

北京林业大学本科毕业生择业意向调查问卷

1. 你认为明年我国高校毕业生的就业形势：

A. 比今年好　　B. 同今年差不多　　C. 比今年差　　D. 说不清

2. 你了解本专业近几年的就业状况吗：

A. 很了解　　B. 有所了解　　C. 不太了解

3. 你的初步毕业去向是：

A. 考研　　B. 出国　　C. 就业　　D. 创业　　E. 其他

4. 如果你选择了考研，但由于某些原因未如愿，你会：

A. 参加工作　　B. 不找工作，继续复习，明年再考

C 还没认真考虑过，到时再说

5. 你认为目前你择业的最大优势是：

A. 综合素质优秀　　B. 学习成绩好　　C. 社会实践经验丰富　　D. 有特长

E. 担任过学生干部　　F. 家里有钱、有关系　　G. 其他

6. 你认为自己求职最欠缺的是：
A. 专业知识和技能　B. 实践能力　C. 外语水平　D. 社会活动经历
E. 沟通表达能力　F. 人际交往能力　G. 求职技巧　H. 其他
7. 你首选的就业单位性质是：
A. 党政机关　B. 科研机构　C. 事业单位　D. 国有企业
E. 外资企业　F. 民营企业　G. 其他
8. 在就业地域上，你首选的是：
A. 北京　B. 上海　C. 广州　D. 深圳　E. 其他沿海发达地区
F. 中西部地区　G. 生源地区　H. 国外
9. 如果你首选留京，主要考虑的因素是：
A. 在北京有更大的发展机会　B. 回家乡没面子没前途　C. 去外地找工作不方便
D. 已适应北京的生活，且积累的人脉都在这里，不想去其他地方发展（或就是北京生源）
E. 其他
10. 你喜欢从事的工作类型是：
A. 技术工作　B. 管理工作　C. 营销工作　D. 设计工作　E. 其他
11. 你准备跨专业就业吗：
A. 不准备　B. 有意向，在本专业就业形势不理想的情况下
C. 准备，专业成绩不理想，对在本专业就业缺乏兴趣和信心
D. 准备，对其他专业有浓厚兴趣，并具备一定竞争能力
12. 你怎样看待个人兴趣与工作的关系：
A. 没有关系　B. 没有兴趣的工作我不找　C. 兴趣服从工作
13. 对于第一份工作的薪酬，你的期望是：
A. 1 000～2 000 元　B. 2 001～3 000 元　C. 3 001～4 000 元　D. 4 000 元以上
14. 若求职状况不尽如人意，你是否会降低标准：
A. 是　B. 否　C. 可调整期望值，但要视情况而定
15. 你认为当前本科毕业生求职面临的最大困难是：
A. 学历不够　B. 缺乏实践经验　C. 求职能力差　D. 专业限制
E. 求职信息不对称　F. 性别歧视　G. 毕业生人数多、竞争激烈
H. 户籍、人事等制度制约　I. 其他
16. 求职过程中你最看重以下哪些方面（限选三项）：
A. 专业对口　B. 符合自己的兴趣　C. 发展前景与提升机会
D. 能够发挥个人才能　E. 工资待遇　F. 工作地域地点　G. 工作的稳定性
H. 解决户口问题　I. 单位规模、声望和社会地位　J. 其他
17. 你了解就业信息和就业政策的渠道是（可多选）：
A. 通过学校就业网和招聘会　B. 通过所在学院　C. 通过同学或校友
D. 通过父母、亲友　E. 通过报纸、网络等媒体　F. 其他
18. 你希望就业服务中心为毕业生提供哪些方面的就业指导和服务（可多选）：
A. 分析就业形势　B. 解读就业政策　C. 培训求职技巧
D. 提供用人单位需求信息

E. 开展各类就业相关的指导活动(如讲座、模拟面试等)
F. 组织用人单位宣讲会和招聘会　　G. 提供一对一的就业咨询服务　　H. 其他
19. 你对学校、学院就业工作的建议:

附录二

北京林业大学本科毕业生签约情况调查问卷

1. 已签约单位与自己预期目标单位:
A. 基本一致　　B. 比预期目标好　　C. 比预期目标差
2. 求职开始时间为:
A. 2014.09—2014.11　　B. 2014.12—2015.02　　C. 2015.03—2015.04
D. 2015.05—2015.06
3.1 在求职过程中,你共向______个省份的单位投递了简历。
3.2 在求职过程中,你共投递了约______份简历。
4.1 在求职过程中,参加过______次招聘会。
4.2 在求职过程中,共接受过______家单位的面试。
5. 面试到了______次获得录用:
A. 第 1 次　　B. 第 2 次　　C. 第 3 次　　D. 3 次以上
6.1 求职过程中的成本约______元。
A. 50 元以下　　B. 50～200 元　　C. 200～500 元　　D. 500 元以上
6.2 承担以上费用是否有困难?
A. 是　　B. 否
7. 求职中获得就业信息和就业政策的主要渠道(限选三项):
A. 学校就业服务中心　　B. 学院就业服务中心　　C. 专业课老师
D 父母和亲友　　E. 师兄或师姐　　F. 网络、报纸等媒介　　G. 参加招聘会
8. 获取此签约单位的招聘信息是通过:
A. 学校就业服务中心　　B. 学院就业服务中心　　C. 专业课老师
D. 父母和亲友　　E. 师兄或师姐　　F. 网络 、报纸等媒介
G. 参加校内招聘会　　H. 参加校外招聘会
9. 在签约单位从事的工作与所学专业:
A. 关系密切　　B. 有一定关系　　C. 没有关系
10. 与签约单位商定的起始月薪是______元?
11. 与签约单位商定的签约年限是:______
A. 3 年以下　　B. 3～5 年　　C. 5 年以上
12. 求职中,学校和学院就业中心的指导对你是否有帮助?
A. 帮助很大　　B. 一般　　C. 没有任何帮助
13. 您在已经落实的就业单位,享受保险和公积金的情况是:

A. 有保险,有公积金　　B. 有保险,无公积金

C. 无保险,有公积金　　D. 无保险,无公积金

14. 你觉得影响就业的主要内部因素有哪些?(限选三项)

A. 校名及学校声誉　　B. 专业及课程设置　　C. 学习成绩　　D. 英语水平

E 性别　　F. 综合素质和能力　　G. 其他

15. 请谈谈你对学校及学院就业服务中心工作的意见和建议,对师弟师妹们的希望和寄语。

第四章　就业服务中心综合服务大厅日常管理标准

综合服务大厅是学校就业工作的直接窗口，窗口的建设与日常管理水平，是就业服务水平的直接外在表现，也是“优化服务环境、提高服务水平、提升服务效能”的平台。为加强综合服务大厅的日常管理，提高行政效能和服务水平，特制定本标准。

第一节　基本要求

第一条　综合服务大厅为窗口式服务，服务大厅内要求制度上墙、文件上橱、服务上心。通过对工作人员实行考勤制度、学习制度、卫生制度、安全保卫制度、计算机管理制度和廉政制度等六项日常化管理制度，着力实现综合服务大厅的规范化管理。

第二节　考核制度

第二条　工作人员应严格按照规定的作息时间上下班，不得迟到早退。

第三条　各类请假不得影响窗口正常工作，因病因事请假应派出替换人员，方可离岗。

第四条　上班时间工作人员不得擅离职守，串岗聊天，上网聊天玩游戏，看电影，听音乐，干私活或从事与工作、业务无关的活动。

第三节　学习制度

第五条　工作人员要加强学习，不断提高自身的综合素质和业务水平。学习采取集中学习与平时自学相结合、学业务与学政治相结合的方法。重点内容为政治理论，党的路线、方针、政策，国家、省、市有关法律、法规，各类业务知识等。

第六条　因故不能参加集中学习的，应事先向中心请假。未经批准不参加学习，按缺勤处理。

第四节　卫生制度

第七条　工作人员应自觉维持大厅的良好服务环境，做到不随地吐痰、不乱丢纸屑、不乱倒茶叶渣，工作资料、桌面用具摆放整齐。

第八条　各窗口坚持每天一小扫、每周一大扫，以保持大厅室内室外、台前台后的卫生。

第九条　服务大厅公共场所、走廊、会议室卫生由值班人员负责，须保持洁净、整齐、无痰迹、无挂吊、无杂物堆放。

第五节　安全保卫制度

第十条　工作人员要确立“安全第一”的思想，树立保密、防火、防盗、防破坏意识，认真做好日常安全保卫工作。

第十一条　资料要存放于抽屉与文件柜，重要文件要作特别保管。有关印章、空白证件要确定专人、专柜保管。

第十二条　严禁将外人带入工作区；严禁私拉乱接电线；严禁在走廊及办公桌下堆放资料及杂物，防止火灾。

第十三条　要切实做到人离灯灭、人离机停，下班后要切断照明、计算机、打印机、饮水机及其他办公设施的电源，定期检查消防情况，做好日常的安全防范工作。

第十四条　加强节假日值班和安全保卫工作，工作人员要服从中心的统一安排。

第六节　计算机管理制度

第十五条　严禁工作人员上班时间玩游戏，上网聊天等。

第十六条　全体工作人员要遵守保密制度，对所需保密的文件资料不得上网共享，不得为外单位人员拷贝。

第十七条　各窗口不得随意更换计算机硬件和软件，不得使用来历不明的软盘或光盘。

第七节　廉政制度

第十八条　全体工作人员应牢固树立全心全意为人民服务的思想，任何时候、场合，均不得以权谋私。坚持执行廉洁自律的有关规定，自觉做到不吃请，不接受礼品、礼金、礼券、礼物等。

（执笔：刘芳）

附录

北京林业大学就业信息化服务标准实施时间安排表

时间	内容	要求/说明
9月	制定/修订本学年《就业信息化服务标准化管理手册》	
	成立领导小组，明确权责分工	
	建立/完善就业信息化平台	建立本届毕业生QQ群、飞信群或微信群；完善网站和电子信箱
	毕业生就业信息采集	要求应届毕业生及时登录就业系统完善个人简历，及时关注并订阅有关就业信息
	就业数据上报系统毕业生数据导入和更新	
	通过毕业生数据采集用人单位库	
10月	毕业生就业意向调查统计	第一次针对全体应届毕业生进行调查
	保研经验收集	第一时间完成保研经验收集和整理，成册存档
	用人单位名录信息筛查	
	大一学生职业测评督促	督促学生完成网络职业测评

续表

时间	内容	要求/说明
11月	毕业生就业意向调查统计	
	完成大一学生职业测评监测和测评结果评估报告	
	毕业生就业情况摸底调查	针对不同就业意向毕业生进行调查
	学校大型招聘会单位联系	利用相关信息化工具发出参会邀请和单位招聘信息整理
12月	毕业生就业情况摸底调查	针对不同就业意向毕业生进行调查
	学校大型招聘会单位联系	利用相关信息化工具发出参会邀请和单位信息招聘信息整理
1月	实习信息收集发布	根据实际情况确定实习信息发布量，至少保证每年实习信息发布量达到学生人数的1/3
2月	校友评估反馈系统建立更新	校友数据更新、调查内容更新
3月	毕业生就业情况摸底调查	针对不同就业意向毕业生进行调查
	学校大型招聘会单位联系	利用相关信息化工具发出参会邀请和单位招聘信息整理
4月	考研、出国经验收集	第一时间完成考研出国经验收集和整理，成册
	毕业生就业情况摸底调查	针对不同就业意向毕业生进行调查
5月	求职经验收集	第一时间完成求职经验收集和整理，成册
	毕业生毕业去向落实调查	针对不同就业意向毕业生进行调查
6月	录制相关经验视频	运用影像方式直观地介绍就业经验，上传网络视频数据库
	毕业生毕业去向落实调查	针对不同就业意向毕业生进行调查
	校友信息采集	应届毕业校友的信息采集，做到完善准确
	学校大型招聘会单位联系	利用相关信息化工具发出参会邀请和单位招聘信息整理
	毕业生派遣计划核实	毕业生信息数据审核
	校友联系反馈	利用网络系统对每一届校友进行就业工作情况反馈，提高指导和服务水平
7月	毕业生派遣数据分析	利用网络系统和专业统计工具进行分析
	用人单位信息数据补充完善	
8月	毕业生派遣数据分析报告	利用相关软件生成统计报告分析支撑数据
全年	招聘信息发布	提前三天/重点一般区别/每天至少5条
	用人单位日常联系	填写/完善用人单位日常联系台账
	就业资讯、职场点金、职业资格、创业政策信息收集和发布	收集和发布的时间根据国家政策出台和学生就业阶段同步进行，每周每一板块至少更新一条，利用其他信息化辅助工具调查学生需求
	相关证明出具	出具学生政审、品行鉴定等相关证明，形成电子模板，便捷高效
	活动信息发布	信息的发布要具有时效性，至少在活动举办前一周发布相关通知和活动信息
	就业信息化平台维护	微信平台内容更新、推送

第五篇
大学生创业教育

大学生创业教育指导工作标准

大学生创业教育指导工作标准

第一条　根据《国务院关于进一步做好新形势下就业创业工作的意见》(国发[2015]23号)、《国务院办公厅关于发展众创空间推进大众创新创业的指导意见》(国办发[2015]9号)、《国务院办公厅关于深化高等学校创新创业教育改革的实施意见》(国办发[2015]36号)、《教育部关于大力推进高等学校创新创业教育和大学生自主创业工作的意见》(教办发[2010]3号)等相关文件精神,为鼓励我校大学生以各种形式积极参与创新、创造、创业活动,促进理论与实践的结合,锻炼和提高大学生的实践能力、创新能力和创业能力,同时规范管理我校大学生的创业相关活动,特制定本标准。

第二条　学校成立大学生创新创业教育指导委员会(以下简称委员会),由学校主管领导牵头,招生就业处、教务处、党委研究生工作部、学校教育基金会、学校大学生科技园、学生处、校团委及各学院联合组成。

第三条　委员会的下设机构及职能:

创新创业课程指导办公室设在教务处,负责加强创新、创业教育课程体系建设。把创新、创业教育纳入专业教育和文化素质教育的教学计划和学分体系,建立多层次、立体化的创新创业教育课程体系。

创业指导服务办公室设在招生就业处,协调全校学生创业活动开展,并为学生提供创业政策指导与咨询;同时在教务处的统筹安排下,开设与就业相关的创业指导课程。

创业项目选拔管理办公室(以下简称项目选拔办公室)设在学校招生就业处,负责组织前期创业项目的遴选,并会同教育基金会、资产经营公司进行项目的评审立项。

创业基金管理办公室(以下简称基金管理办公室)设在学校教育基金会,负责创业基金的募集、发放、审核及日常工作。

创业项目运营指导办公室(以下简称运营指导办公室)设在我校大学生科技园,负责对所有立项的项目进行注册,负责按照科技园的相关规定管理大学生自主创业项目,负责协调创业园内创业项目的场地和日常运营指导。

创业实践管理办公室设在校团委,负责共青团系统大学生就业创业实践基地和北林共青团就业创业学校的建设工作,负责共青团体系的大学生创新创业竞赛活动的组织,创新创业实践活动的开展和指导。

第一节　创新创业课程研发与教学

第四条　积极推进创新创业人才培养模式、教学方法和课程体系改革。把创新创业教育有效纳入教育教学计划和学分体系,同时开设必修课和选修课,采用课堂讲授和网络视频课程等方式,建立多层次、立体化的创新创业教育课程体系。

第五条　改革教学方法，加强创新创业教育实践环节，培养学生的创业兴趣，增强学生的创业体验，帮助学生更好地掌握创业技能。加强创新创业教育教材建设，结合农林类高校的专业设置和行业特点，编写研发合适的创新创业教育教材和课件。

第六条　培养、建设一支既有理论知识、又有实践经验的专兼职创业教师队伍。支持任课教师到企业挂职锻炼，鼓励教师参与社会行业的创新创业实践。积极从社会各界聘请企业家、创业成功人士、专家学者等作为兼职教师。

第七条　依托北京林业大学就业创业教育研究会邹秀峰工作室等社会资源，开展创新创业教育方面的理论、课题和案例研究，定期组织教师培训、实训和交流，不断提高教师教学研究与指导学生创新创业实践的水平。

第八条　建立奖励机制和保障政策，从教学考核、职称评定、培训培养、经费支持等方面给予倾斜支持，激发任课教师的工作热情。

第二节　创新创业服务策划与实施

第九条　积极开展创业知识宣传和创业辅导活动。组织创业沙龙、讲座、创业论坛，向学生广泛普及创业知识；邀请企业家、创业成功人士为学生开展创业培训，对已在创业以及有创业愿望并具备创业条件的学生配备创业导师，进行团体训练、个体辅导与咨询。继续支持各学院成立“创新、创意、创业”服务机构（简称“三创”服务机构），依托学院的学科特点和资源优势，为我校创新创业教育工作和学生创新创业活动提供理论支撑和指导服务。

第十条　积极开展以创新创业教育为主题的课外活动。举办大学生创业计划大赛、创意设计大赛、创业实践课等活动，培养学生的自主创业意识和创新精神，提升学生的创业能力。

第十一条　积极扶持创业型社团建设。把创新创业教育融入学生社团活动当中，加强对大学生创新创业社团的指导，成立大学生创业团队联盟，并给予资金和场地的支持。

第十二条　了解国家、北京市关于大学生创业的相关政策，完善我校大学生创新创业教育工作相关政策，并为同学提供咨询服务。加大对《就业创业证》相关优惠政策的宣传力度，做好《就业创业证》审核、发放工作。

第十三条　积极开展创业苗圃、创新创业交流空间的建设工作，充分利用校内空间资源，为广大同学提供交流分享、指导咨询、展览展示、团队孵化等功能于一体的综合服务空间，营造良好的创新创业氛围。

第三节　创新创业基金管理与使用

第十四条　创新创业基金主要来源于学校教育基金会的专项拨款，同时接纳校友及社会各界的捐赠。

第十五条　创新创业基金管理办公室设在北京林业大学教育基金会，是创业基金的常设管理机构，负责创业基金的日常管理工作，编制相应的操作规范与规程，受理创业基金的申请，审查用款项目，跟踪经费使用。

第十六条　创新创业基金面向本校三年级（含）以上全日制本科生，在校硕士、博士研究生（不含定向、委培生）开放。创新创业基金扶持对象需符合以下基本条件：

1. 诚信守法、品学兼优、能够按时完成学业、具有创新创业精神、勇于挑战自我的大学生，无不良信用和违纪违法记录；

2. 项目申请团队有较强的组织协调管理能力；

3. 申请项目具有创新性，并有一定的市场潜力和发展空间；

4. 申请团队应有一定的项目启动资金及相应的资金风险承受能力。

第十七条 对大学生自主创业项目的扶持方式：

1. 以无偿资助的方式，支持大学生创办有特色和创意、有市场潜力和竞争力的企业，基金会每年出资人民币 15 万元，为期 3 年，共计 45 万元，每年资助 5 个项目，每个项目资助金额 3 万元。

2. 为鼓励应届毕业生毕业后创业，在毕业年度 10 月 15 日前注册取得工商营业执照并成功创业的毕业生，学校招生就业处协调专项奖励资金，给予一次性奖励 3 000 元。

第十八条 申请无偿资助创业基金的创业团队或个人，根据《北京林业大学大学生创业基金管理办法》受理来自本校学生的申请，由项目负责人向创业基金管理办公室提出创业基金资助申请，创业基金管理办公室对创业团队提交的申请项目材料进行程序审核，经过专家评审，报委员会批准。申请毕业生创业专项奖励基金的，按照每届学生毕业前发布的《面向基层就业和自主创业的奖励办法》具体要求进行申请，经过申报材料的核准，发放奖励基金。

第十九条 创业基金管理办公室对受资助项目的资金使用情况进行跟踪和监督，根据上一期经费使用情况提出下一期经费的划拨意见。

第二十条 通过批准、接受资助的创业团队，应定期向创业基金管理办公室提交资金使用情况的财务报表。

第四节 创新创业项目管理与服务

第二十一条 申请的创业项目需要具备的条件：

1. 申请创业项目必须由我校学生提出；

2. 创业项目的申请人需要有一定的启动资金和承担风险的能力；

3. 创业项目必须取得工商、税务注册资格。

第二十二条 创业项目申请人需向项目选拔办公室提交申请书和创业(商业)计划书。

第二十三条 审批程序。项目选拔办公室会同基金管理办公室、运营指导办公室对团队提交的注册申请书和创业(商业)计划书进行审核；对参加校级以上创业大赛并获奖的创业项目，可优先审批注册。

第二十四条 创业项目申请批准后，必须按照申报项目依法开展创业活动，在运营过程中自主经营、独立核算、自负盈亏。运营指导办公室对创业园内的创业项目进行监督检查，防止其出现违规行为。

第二十五条 运营指导办公室制定考核评价方案，对团队学期和年度运营成果进行检查评比，并会同项目选拔办公室、基金管理办公室对优秀创业团队及其指导老师进行表彰奖励。

第二十六条 创业项目的创业基金原则上由创业负责人自行筹集，对特别优秀的创业项目，经项目负责人申请，报基金管理办公室审批，基金管理办公室会同项目选拔办公室、运营指导办公室审批通过后，可获得北京林业大学大学生创业基金。基金管理办公室依据各项目技术成果、市场需求等情况决定资助额度。

第二十七条 创业项目的创业场地原则上由项目负责人自行解决，对特别优秀且适合进入科技园的创业项目，经项目负责人申请，报运营指导办公室审批，运营指导办公室会同项目选拔办公室审批通过后，可有偿获得北京林业大学提供的创业孵化场地。

（执笔：仲艳维　徐博函　杨红喜）

附录

创新创业教育各项工作任务实施时间安排表

时间安排	工作事项	负责部门	面向群体
上半学年 9—12 月	创业教育课程授课	招就处	三年级必修，一、二年级选修
全年	大学生创业教育视频课程选学	招就处	全年级
上半学年 10—11 月	“创业大课堂”培训活动	招就处、团委	全年级
上半学年 11 月	创新创业类社团活动立项申请答辩	招就处、团委	创新创业类学生社团
上半学年 12 月	创新创业教育课题立项及上一年课题评审	招就处	学院就业服务中心，分团委
上半学年 12 月	创新创业教育展示中心更新建设	招就处、教务处、团委	
下半学年 3—5 月	“北林科技园杯”创业大赛	招就处、科技园、团委、教育基金会	全年级
下半学年 3—4 月	“创新创业季”系列活动	招就处、团委、研工部、各学院	全年级
下半学年 4 月	创新创业教育成果展	招就处、教务处、团委、研工部、各学院、科技园	全校师生
下半学年 5 月	创新创业教育课题中期考核	招就处	学院就业服务中心，分团委
下半学年 6 月	自主创业毕业生评选表彰	招就处、研工部	应届毕业生
每年暑假	学生创业体验实践活动	招就处、团委	全年级

附　　件

附件一

大学生职业发展与就业指导工作考核标准

一级指标	二级指标	标准
就业工作保障机制	机构保障	成立学院就业工作领导小组，设有学院就业服务中心。
	一把手工程	书记、院长任就业工作小组组长，每学期召开学院领导班子会议研讨就业工作。
	工作队伍	按科级干部配备专职人员，专职人员接受专门的培训后持证上岗，积极组织就业工作人员参加校内外各类就业相关的业务培训。辅导员、班主任、导师就业职责明确，并贯彻执行。
	制度保障	有学院就业工作年度计划、目标、奖励办法，按时上交就业工作年度计划、总结。
就业市场建设	队伍建设	由专人担任本学院负责省份的就业市场联系人。
	就业宣传	编制本学院的毕业生专业介绍手册和就业宣传材料，定期向用人单位寄送。
	市场开拓	积极走访用人单位，建立就业实习实践基地，与用人单位保持紧密联系与良好互动。
	招聘服务	组织、动员学生参加各类校园招聘活动，积极联系和接洽用人单位来校举行专场宣讲、招聘活动。
就业指导服务	日常咨询	建立咨询服务制度，面向学生开展就业政策咨询、择业技巧指导、择业观念引导等工作。
	个性化咨询	通过摸底调查全程掌握学生就业意向和就业状况，有针对性地提供就业信息，帮助学生解决择业中的实际问题。
	就业课程	承担就业指导和职业生涯规划课程教学任务，不断总结，完善课程内容，增强课程的实效性。
	就业指导活动	聘请校内外专家、校友、企业人士等来校举办就业指导讲座，组织各类职业发展和就业相关竞赛活动，组织学生积极参与。
	困难帮扶	建立台账，全面准确掌握各类困难群体毕业生的具体情况，关心困难群体的经济、学业、心理等动态，落实到人，有针对性地进行分类指导。
	就业数据	认真准确地做好毕业生就业情况的摸底统计、就业数据上报，核对就业方案、派遣计划。
	手续办理	做好毕业生推荐表、就业协议书的审核、发放及签署，毕业离校手续办理及离校后续服务。
	跟踪服务	对毕业生开展爱岗敬业教育，对毕业生党员进行党风廉政教育。对未就业毕业生提供离校后的跟踪服务，持续提供就业信息。

续表

一级指标	二级指标	标准
就业研究	理论研究	积极开展就业工作研究，总结工作经验，学院支持发表就业工作理论研究文章。
	调查研究	配合学校就业服务中心开展择业意向、签约情况等问卷调查，对毕业生、用人单位开展跟踪调查，形成有价值的调研资料，反馈招生就业工作。
就业信息化建设	信息发布	主动收集并发布校内外就业政策和招聘信息，学院网站开设有就业专栏，开通QQ群、微信平台等，保证信息发布准确及时，渠道畅通。
	信息收集	设置学生就业助理团，专门负责本院有关的就业信息的搜集工作。建有学院的毕业生就业数据库、用人单位信息库、校友信息库。
创业教育		积极开展创新创业教育和指导，培养创新创业意识。举办并组织学生参与各类创新创业竞赛和实践活动，争取资源扶持、孵化学生创业团队，有毕业生实现自主创业。
工作实效	就业率	确保就业率保持在较高水平。
	就业质量	毕业生、用人单位满意度高。
	就业诚信	违约率低，杜绝简历、推荐材料造假和其他诚信问题。

附件二

北京林业大学就业创业教育研究会“于翠霞工作室”简介

北京林业大学就业创业教育研究会“于翠霞工作室”，是以著名教练专家于翠霞女士名字命名的，是一个由不同年龄、性别、背景的人组成的跨地区、跨行业、跨学校、跨部门的扁平结构的公益性职业生涯培训组织。其使命是帮助支持更多的师生“做人生的主人，让生命绽放”。工作室的主要工作是通过咨询、培训、教练、引导等方式，把最简单、最实用、最可操作的整体化解决方案提供给需要支持的个人或团队。目前工作室成员13人。

具体职责如下：

1. 通过参加培训及内部学习交流，不断提高团队成员的专业化水平；

2. 通过举办教练式辅导员专业化训练班或生涯教练、班级团队建设等培训班，协助主管部门完成辅导员、班主任及就业指导人员的专业化建设；

3. 积极探索女大学生成长成才规律，以“薇对话”为平台，通过采访卓越女教授等活动，探索解决女大学生就业难的问题；

4. 参与大学生生涯规划和就业指导课程改革项目，并积极组织实践；

5. 承接校、院职场训练营的部分课程，承接校内师生生涯发展一对一咨询；

6. 通过编印《个人自我管理、自我教练手册》或开设《我的大学我做主》系列培训课程，提高大学生自我教育、自我管理能力；

7. 通过4D卓越团队建设项目、WCC世界级教练俱乐部沙龙活动以及对京内、外高校教练团队的督导，扩大工作室的影响力；

8. 落实北京林业大学就业创业教育研究会交办的其他工作。

附件三

北京林业大学就业创业教育研究会“邹秀峰工作室”简介

北京林业大学就业创业教育研究会“邹秀峰工作室”，是以凹凸人网创始人、著名就业创业教育指导专家邹秀峰先生命名的就业创业综合服务机构，是我校充分整合社会资源，推进就业创业服务工作精细化、标准化、社会化的全新尝试。

邹秀峰工作室集合了一批国内知名的就业创业指导专家和企业HR，为我校提供创业项目咨询指导、创业活动策划实施、就业市场拓展维护、就业创业课程研发教学、就业工作人员提升培训等服务。

具体职责如下：

1. 负责为我校创业团队和个人提供咨询指导服务；
2. 负责协助学校各相关部门策划举办各类创业教育活动，提供智力和执行支持；
3. 负责在我校举办校企对接会、企业人力资源从业者经验分享会、兄弟院校就业工作人员交流等活动，吸引优秀企业参加校院招聘活动；
4. 负责参与就业指导、职业生涯规划、创业教育课程的研发和教学活动；
5. 负责为我校专兼职就业工作老师提供创业指导能力培训；
6. 落实北京林业大学就业创业教育研究会交办的其他工作。

编　后

本书是北京市就业特色项目的成果之一，在姜恩来副校长、骆有庆副校长的关怀指导下，在全校就业工作专兼职工作人员共同努力下完成的。

主编在覃艳茜、徐博函协助下，完成了特色项目的设计、本书的分工和统稿。各位执笔人完成初稿后，翁婧、王兆龙、郭乙言、刘芳等完成了大量的修改和整理工作。

就业工作标准化，作为就业工作的探索，由于编者理论水平有限，本书一定会存在着这样那样的不足，恳请高校就业工作的专家和实际工作者提出批评意见，以利共同提高。

编者

2015 年 3 月

北京林业大学就业创业工作时间轴

TIMELINE

01 January
①梳理就业实践基地和就业示范单位名录。

02 February
寒假

03 March
①举办毕业生就业双选会；②开展毕业生就业状况摸底调查；③重点用人单位名录整理更新，制定年度用人单位走访计划；④走访重点单位；⑤创业大赛启动；⑥职业生涯规划课程授课。

04 April
①“基层就业宣传月”系列活动；②“职业生涯规划月”系列活动；③持续开展毕业生就业状况摸底调查；④走访重点用人单位。

05 May
①举办毕业生实习实践双选会；②毕业生分阶段按去向填报就业数据，确认户口档案去向；③毕业生签约意向调查；④持续开展毕业生就业状况摸底调查；⑤走访重点单位和部分高校；⑥创业大赛决赛。

06 June
①毕业典礼、学位授予；②毕业生文明离校、离校手续办理。

07 July
①毕业生档案材料整理及转寄；②毕业生离校后服务。

08 August
①毕业生离校后服务；②毕业生“职场训练营”。

09 September
①毕业生分学院分专业就业动员；②专职就业工作人员培训；③毕业生信息采集，确定毕业生名录；④毕业生择业意向调查；⑤就业指导课程授课。

10 October
①毕业生就业双选会；②“就业指导月”系列活动；③走访重点单位。

11 November
①毕业生就业双选会；②就业工作总结表彰；③走访重点单位和部分高校。

12 December
①年度工作总结；②走访重点单位。